Linie 1
Deutsch in Alltag und Beruf

Intensivtrainer A2

Ulrike Moritz
Margret Rodi
Lutz Rohrmann

Ernst Klett Sprachen

Stuttgart

Von
Ulrike Moritz
Margret Rodi
Lutz Rohrmann

Projektleitung: Angela Kilimann, Annalisa Scarpa-Diewald
Redaktion: Carola Jeschke
Gestaltungskonzept und Layout: Britta Petermeyer, Snow, München
Umschlagsgestaltung: Studio Schübel, München
Coverfoto: © Monkey Business und pkchai
Illustrationen: Hans-Jürgen Feldhaus, Feldhaus Text & Grafik, Münster

Linie A2 – Materialien

Kurs- und Übungsbuch A2.1		Intensivtrainer A2	607078
mit Audios und Videos auf DVD-ROM	607070	Testheft mit Audio-CD A2	607079
Kurs- und Übungsbuch A2.2		Audio-CDs A2.1	607071
mit Audios und Videos auf DVD-ROM	607072	Audio-CDs A2.2	607073
Kurs- und Übungsbuch A2 Gesamtband		Audio-CDs A2	607075
mit Audios und Videos auf DVD-ROM	607074	DVD A2	607076
Linie 1 Digital A2 mit interaktiven Tafelbildern	607077	Vokabeltrainer mit CD-ROM A2	607081
Lehrerhandbuch A2	607080		

Besuchen Sie uns auch im Internet: www.klett-sprachen.de/linie1

1. Auflage 1⁷ ⁶ ⁵ | 2021 20 19

© Ernst Klett Sprachen GmbH, Rotebühlstraße 77, 70178 Stuttgart, 2017
Erstausgabe erschienen 2016 bei Klett-Langenscheidt GmbH, München

Das Werk und seine Teile sind urheberrechtlich geschützt. Jede Verwertung in anderen als den gesetzlich zugelassenen Fällen bedarf deshalb der vorherigen schriftlichen Einwilligung des Verlags.

Satz und Repro: Franzis print & media GmbH, München
Druck und Bindung: Print Consult GmbH, München

Inhalt

1	Freut mich, Sie kennenzulernen	4
2	Zusammen wohnen	10
3	Bei der Arbeit – nach der Arbeit	16
4	Was ziehe ich an?	22
5	Fahrrad, Auto oder Bus?	28
6	Ein Besuch in Berlin	34
7	Angekommen?	40
8	Der Betriebsausflug	46
9	Anna mag Mathe.	52
10	Zusammen geht es besser!	58
11	Nicht ohne mein Handy!	64
12	Ausbildung und Zukunftswünsche	70
13	Das gefällt mir!	76
14	Radtour um den Bodensee	82
15	Ich muss zum Amt.	88
16	Wir feiern!	94

Lösungen 100
Quellen 112

1 Freut mich, Sie kennenzulernen

nach 1

1 So viel Arbeit!

a Wer arbeitet wo? Schreiben Sie die Berufe zu den Arbeitsplätzen.

Kellner/Kellnerin   Arzt/Ärztin   Rezeptionist/Rezeptionistin
~~Kassierer/Kassiererin~~   ~~Koch/Köchin~~   ~~Sachbearbeiter/Sachbearbeiterin~~ *clerk*
Mechaniker/Mechanikerin   Verkäufer/Verkäuferin   Informatiker/Informatikerin
Hotelkaufmann/Hotelkauffrau   ~~Krankenpfleger/Krankenschwester~~

im Supermarkt
1. *Kassierer/Kassiererin*

im Krankenhaus
2. *Krankenpfleger / Krankenschwester*

im Restaurant
3. *Koch / Köchin*

im Büro
4. *Sachbearbeiter / Sachbearbeiterin* — *Büro angestellte — officeworker*

in der Werkstatt
5. *Mechaniker / Mechanikerin*

im Hotel
6. *Rezeptionist / Rezeptionistin*

b Berufe – Ergänzen Sie.

~~Berufe~~   ~~Praktikum~~ *placement*   Ausbildung   ~~Menschen~~

1. Ich mache zurzeit ein (1) *Praktikum* im Hotel. So kann ich die verschiedenen *various*
   (2) *Berufe* im Hotel kennenlernen. Und man trifft hier so viele interessante
   (3) *Menschen*. Später mache ich vielleicht eine (4) *Ausbildung*
   zum Hotelkaufmann. *hotel clerk*

boss ~~Chefin~~   ~~Kasse~~   Problemen   *working times* ~~Arbeitszeiten~~   ~~Kollegen~~   *payment* Bezahlung   ~~Supermarkt~~

2. Die Arbeit hier im (1) *Supermarkt* gefällt mir gut. Nur manchmal ist die Arbeit an *Only sometimes*
   der (2) *Kasse* anstrengend. Die (3) *Arbeitzeiten* sind *exhausting*
   oft lang, und die (4) *Bezahlung* ist leider auch nicht sehr gut. Aber unsere
   (5) *Chefin* ist sehr nett, und die (6) *Kollegen* helfen
   mir immer bei (7) *Problemen*!

4   vier

1

nach 2

2 Mein Name ist ... – Welches Wort passt? Markieren Sie.

1. ● Darf ich mich (1) kennenlernen/freuen/**vorstellen**?

   Mein Name (2) **ist**/heißt/sagt Karin Hahn.

   ○ Ich bin Uta Köhler. (3) Wollen/**Können**/Müssen wir Du sagen?

   ● Ja, (4) immer/sofort/**gerne**!

2. ● Frau Lopez, ich möchte (1) Ihr/**Ihnen**/Sie Herrn Bader vorstellen.

   Er (2) **arbeitet**/wohnt/bleibt jetzt auch in Ihrer Abteilung!

   ○ (3) Dankt/**Freut**/Macht mich! Auf (4) **gute**/schnelle/neue Zusammenarbeit!

nach 3

3 Warum?

a Schreiben Sie die Sätze mit *weil*.

1. Mein neuer Job gefällt mir gut, _weil ich interessante Aufgaben habe_.
   weil / interessante Aufgaben / habe / ich / .

2. Am Anfang hatte ich aber Stress, _weil das Computerprogramm neu für mich war_.
   weil / war / neu für mich / das Computerprogramm / .

3. Ich finde meine neuen Kollegen sehr nett, _weil sie immer mir helfen_.
   weil / helfen / sie / mir / immer / .

4. Ich habe so lange nicht geschrieben, _weil ich sehr viel Arbeit habe_.
   weil / ich / habe / sehr viel Arbeit / .

5. Heute bin ich müde, _weil gestern ich spät im Bett war_.
   weil / gestern / spät im Bett / war / ich / .

6. Jetzt muss ich noch einkaufen gehen, _weil wir keine Milch haben_.
   weil / keine Milch / haben / wir / .

7. Ich kaufe Würstchen, _weil meine Kinder gerne Würstchen essen_.
   weil / meine Kinder / essen / gerne / Würstchen / .

b Kombinieren Sie und schreiben Sie Sätze mit *weil*. Es gibt verschiedene Möglichkeiten.

	glücklich sein			Filme mögen	
	zu Hause bleiben			dich / sehen wollen	
Ich	ins Kino gehen	weil	ich	nette Kollegen haben	
	ein Fest machen			Zeit haben	krank sein
	dich einladen			Geburtstag haben	
	meine Arbeit mögen				

1. Ich gehe ins Kino, weil ich Filme mag.

fünf 5

nach 4

4 Verben mit Akkusativ oder mit Dativ

a Wiederholung – Diese Verben haben alle Akkusativ. Ergänzen Sie die E-Mail.

~~bekommen~~   unterschreiben   fragen   kennenlernen   finden   suchen   einladen

Hi, ich habe gute Nachrichten: Ich habe den Ferienjob bei Meyer & Söhne (1) _bekommen_!
Aber mein erster Tag war stressig. Zuerst habe ich das Büro vom Personalchef nicht
(2) .... Ich habe es in der ganzen Firma (3) .... Am Schluss
habe ich den Hausmeister (4) .... So habe ich ihn gleich (5) ....
Dann habe ich den Vertrag (6) .... und der Personalchef hat mich zum Kaffee-
trinken in die Kantine (7) .... Er ist wirklich nett. Und wie geht es dir? Bis bald,
Mario

b Ergänzen Sie die Pronomen im Dativ.

1. ● Gehört das Handy hier (1) _dir_ ?
   ○ Nein, das ist von Tanja.
   ● Wirklich?
   ○ Ja, es gehört (2) ...., das kannst du (3) .... glauben!
   ● Wow! Es gefällt (4) .... !

2. ● Hört ihr (1) .... bitte mal zu?
   Schmeckt (2) .... die Suppe? ...
   Antwortet ihr (3) .... bitte?
   ○ Äh, ja, die Suppe schmeckt (4) .... sehr gut!

c Akkusativ oder Dativ? Ergänzen Sie die Endungen der Pronomen und Artikel.

1. ● Schmeckt (1) Ihn_en_ der Tee?
   ○ Vielen Dank, ich finde (2) ih........ sehr gut.

2. ● Kannst du (1) mi........ helfen?
   ○ Klar, für (2) di........ habe ich immer Zeit!
   ● Wir müssen (3) de........ Kühlschrank putzen.
   ○ Äh, ich habe doch keine Zeit, ich muss
   (4) de........ Chef anrufen. Aber ich lade
   (5) di........ dann später zu (6) ein........
   Kaffee ein, okay?

3. ● Gehört (1) di........ das Fahrrad?
   ○ Nein, das ist das Rad von (2) mein........ Schwester.
   ● Es gefällt (3) mi........ sehr gut! Kann ich es mal haben?
   ○ Tut (4) mi........ leid, das geht nicht.
   ● Du möchtest keine Probleme mit (5) dein........ Schwester, oder?
   ○ Ja, genau. Ich habe schon genug Probleme mit (6) ih........ .
   ● Wieso denn? Ich finde (7) dein........ Schwester sehr nett!

6   sechs

nach 5

5 Neu im Job – Ordnen Sie zu. Schreiben Sie dann die Sätze.

1. ~~Ich gratuliere~~   3   a) Ihnen den Büroschlüssel.
2. ~~Erklärst du~~   4   b) der neuen Mitarbeiterin viel Erfolg.
3. ~~Ich gebe~~   2   c) mir bitte das Computerprogramm?
4. ~~Die Chefin wünscht~~   6   d) mir meinen Schrank.
5. ~~Ich bringe~~   1   e) Ihnen zur neuen Stelle!
6. Der Hausmeister zeigt   5   f) den Kolleginnen und Kollegen einen Kuchen mit.

1. Ich gratuliere Ihnen zur neuen Stelle!

nach 6

6 Höfliche Bitten und Fragen – Schreiben Sie die Sätze.

1. etwas fragen / ich / Entschuldigung, / Sie / darf / ?
   Entschuldigung, darf ich Sie etwas fragen?

2. Sie / mir / bitte / Können / helfen / ?
   Können sie mir helfen bitte?

3. Ich / einen großen Blumenstrauß / möchte / bitte / .
   Ich möchte einen großen Blumenstrauß bitte.

4. gerne / auch eine Glückwunschkarte / hätte / Ich / .
   Ich hätte auch eine Glückwunschkarte gerne.

nach 8

7 Zu Gast bei ...

a Welches Verb passt nicht? Streichen Sie es durch.

1. die Schuhe ~~einladen~~/ausziehen/putzen
2. ein Gastgeschenk mitbringen/kaufen/probieren
3. Gäste zum Abendessen haben/schenken/einladen
4. das Essen loben/sitzen/probieren

b Ergänzen Sie die Texte.

1. Ich war letzte Woche bei einem deutschen Kollegen und seiner Frau einge_____. Jemand hat mir ges____, ich soll Blu____ mitbringen, das i__ in Deutsch_____ höfl____. Ich habe der Fr___ einen roten Blumenst_____ mitgebr_____. Mein Koll____ hat ges____: „Du muss__ aufpassen, rote Blum___ bedeuten: Ich li____ dich!" Das war mir sehr pein_____. Aber er und se____ Frau haben nur nett gel_____ und alles war wieder g___. Der Abe___ war dann no___ sehr lus____.

2. Ges_____ war ich b___ meiner Nachb_____ zu Kaf____ und Kuchen eingeladen. Der Kuc____ war s____ leck____. Sie hat mi___ gefr_____: „Möchten S___ noch ein St____?" Bei uns sa___ man im____ zuerst nein. Das ha___ ich ih__ erzä____. Da hat s___ gela____ und gesagt: „Hier ist die Tradi_____ anders! Sie dür____ sofort ja sagen!" Und sie hat m___ noch ein Stück gege_____.

Ihr Wortschatz

Nomen

das Apartment, -s	apartment	die Linie, -n	line
der Bescheid	notice	die Meinung, -en	opinion
der Boden, ¨-en	floor	der Moment, -e	moment
der Ehepartner, -	husband	der Praktikant, -en	trainee
die Ehepartnerin, -nen	wife	die Praktikantin, -nen	" - A -
die Fabrik, -en	factory	die Sache, -n	thing
der Fernseher, -	TV	die Schlange, -n	queue
der Gastgeber, -	host	der Schuh, -e	shoe
die Gastgeberin, -nen	hostess	das System, -e	system
der Gegenstand, ¨-e	object	der Teil, -e	part
der Grund, ¨-e	reason	die Zusammenarbeit (Sg.)	work together
die Kasse, -n	till	die Verspätung, -en	delay
das Krankenhaus, ¨-er	hospital		

Verben

anmachen	turn on	loben	praise
aufpassen	look after	rufen	call
ausziehen	take off	siezen	
duzen		sorgen (für + A.)	care
entscheiden	decide	unterschreiben	sign
klingeln	ring	zumachen	close

Adjektive

dankbar	thankful	normal	normal
dick	thick	offen	open
fett	fat	peinlich	embarrasing
gemütlich	comfy	überrascht	surprised

Andere Wörter

dabei	thereby / there	prima	great
denn	than	trotzdem	regardless
echt	real	vorher	before
nämlich	namely	weil	because
neulich	recently	wenigstens	at least
plötzlich	suddenly	ziemlich	quite

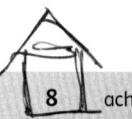 acht

1

8 Ergänzen Sie die Sätze mit Nomen aus „Ihr Wortschatz".

Ich habe eine neue Stelle in einem großen Supermarkt. Ich arbeite dort an der (1) _Kasse_ [Job]. Im (2) _Moment_ ist die Arbeit ziemlich stressig, weil viele Kolleginnen krank sind. An meiner Kasse gibt es oft eine lange (3) _Schlange_. Mein Mann arbeitet in einer großen (4) ~~Krankenhaus~~ _Fabrik_. Abends sind wir oft müde, dann machen wir gerne den (5) _Fernseher_ an. Unser Hund sitzt dann immer neben uns auf dem (6) _Boden_.

9 Ergänzen Sie die Sätze mit Verben aus „Ihr Wortschatz".

1. _Pass auf_! Da kommt ein Auto!
2. Es ist kalt. Kannst du bitte das Fenster _anmachen_ ~~zu~~ ~~machen~~ [zu]?
3. Kannst du bitte deine Schuhe _ausziehen_?
4. Ich muss meinen Arbeitsvertrag noch _unterschreiben_.
5. Gestern [yesterday] hat mein neuer Nachbar [neighbour] bei mir ~~klingeln~~ _geklingelt_. [at my place / bei mir]
6. Ich habe ihm einen Tee angeboten [offered]. Er hat meinen Tee sehr ~~loben~~ _gelobt_.
7. Dann hat er gesagt: Wir können uns gerne _duzen_, ich heiße Willi.

10 Für Ihren Alltag – Schreiben Sie in Ihrer Sprache.

Darf ich mich vorstellen? — Can I introduce myself?
Wollen wir Du sagen? — Can we say Thi?
Auf gute Zusammenarbeit! — For ~~great~~ good work together
Sagt bitte bis Montag Bescheid! — Give me a notice by Monday.
Ich habe keine Zeit, weil … — I don't have time because…
Entschuldigen Sie, darf ich Sie etwas fragen? — Excuse me, can I ask you something?
Können Sie mir bitte helfen? — Can you please help me?
Kann ich bitte bezahlen? — Can I pay please?
Ich hätte gerne … — I'd like to have …

11 Ihre Wörter und Sätze – Schreiben Sie.

Ihre Sprache:

Deutsch:

12 Ihr Text – Warum machen Sie was? ✏️ **Schreiben Sie mindestens fünf Beispiele.**

Ich lerne Deutsch, weil ich in Deutschland leben will.

2 Zusammen wohnen

nach 1

1 Wörterrätsel – Notieren Sie die Wörter mit Artikel und Pluralform.

1. Der Platz für meine Kleidung. — der Schrank
2. Er liegt im Wohnzimmer auf dem Boden. — der Teppich
3. Es steht im Wohnzimmer. Es ist auch ein Gästebett. — das Sofa
4. Ich benutze ihn oft im Bad. Ich will mich sehen. — der Spiegel
5. Das brauche ich zum Schlafen. — das Bett
6. Er steht in der Küche. Die Lebensmittel bleiben kalt. — der Kühlschrank
7. Ihn brauche ich zum Kochen. — der Herd
8. Sie steht in der Küche. Sie macht Lebensmittel warm. — die Mikrowelle
9. Sie macht Teller, Gläser und Besteck wieder sauber. — die Spülmaschine
10. Da stehen meine Bücher und DVDs. — das Regal
11. Sie macht Licht. — die Lampe
12. Sie zeigt mir die Zeit. — die Uhr

nach 2

2 Nebensätze mit *weil*

a Wiederholung: Präsens – Schreiben Sie die Antworten.

1. Warum zieht ihr um? – mehr Platz / brauchen / wir / .
   Wir ziehen um, weil wir mehr Platz brauchen.

2. Warum braucht ihr mehr Platz? – unsere Tochter / ein eigenes Zimmer / brauchen / .
   Wir brauchen mehr Platz, weil unsere Tochter ein eigenes Zimmer braucht.

3. Warum braucht eure Tochter ein eigenes Zimmer? – sie / in die Schule / kommen / .
   Unsere Tochter braucht ein eigenes Zimmer, weil sie in die Schule kommt.

4. Warum ist die Wohnung so teuer? – sie / vier Zimmer / haben / .
   hat

5. Warum hat das Haus keinen Aufzug? – es / 100 Jahre alt / sein / .
   ist

6. Warum kauft Eleni keine Wohnung? – sie / nicht genug Geld / haben / .

10 zehn

b) Nebensätze mit Perfekt – Ergänzen Sie die Sätze.

1. Eleni ist in eine WG gezogen, _weil_ ihre Wohnung zu viel _gekostet hat_. (kosten)
2. Es gibt Probleme, _weil_ Eleni sehr viele Sachen _mitgebracht hat_. (mitbringen)
3. Der Umzug war einfach, _weil_ Freunde zum Helfen _gekommen sind_. (kommen)
4. Fabians Rücken tut weh, _weil_ er zu viele Möbel _getragen hat_. (tragen)
5. Ahmed ist zu spät gekommen, _weil_ er mit dem Fahrrad _gefahren ist_. (fahren)
6. Eleni war am Anfang nervös, _weil_ der Lieferwagen nicht _gekommen ist_. (kommen)
7. Am Abend sind alle zufrieden, _weil_ Dana Kartoffelsalat _gemacht hat_. (machen)
8. Eleni war glücklich, _weil_ Ahmed bis Mitternacht _geblieben ist_. (bleiben)

3 Wo steht, hängt, liegt, sitzt …? – Lesen Sie die Sätze. Markieren Sie die Verben, Präpositionen und Artikel. Ordnen Sie dann die Sätze den Szenen im Bild zu.

1. _e_ Der Hund steht vor dem Sofa.
2. _g_ Eine Katze liegt auf dem Stuhl.
3. _a_ Die Frau steht auf dem Sofa.
4. _i_ Die Pflanze steht vor der Heizung.
5. _f_ Der Vogel sitzt neben dem Stuhl.
6. _d_ Der Mann liegt unter dem Sofa.
7. _h_ Das Kind liegt zwischen den Stühlen.
8. _c_ Die Spinne hängt am Fernseher.
9. _b_ Eine Katze sitzt am Fenster.

4 Wo + Dativ – Schreiben Sie die Sätze wie im Beispiel.

1. mein Wörterbuch / in / Regal / stehen / . — Mein Wörterbuch steht im Regal.
2. deine Brille / auf / Tisch / liegen / . — Deine Brille liegt auf dem Tisch.
3. Elenis Jacke / in / Schrank / hängen / . — Elenis Jacke hängt im Schrank.
4. dein Handy / zwischen / Büchern / liegen / . — Dein Handy liegt zwischen den Büchern.
5. meine Katze / auf / Fensterbrett / sitzen / . — Meine Katze sitzt auf dem Fensterbrett.
6. deine Tasse / in / Spülmaschine / stehen / . — Deine Tasse steht in der Spülmaschine.
7. unsere Hemden / in / Schrank / hängen / . — Unsere Hemden hängen im Schrank.
8. Bodos Schulsachen / auf / Boden / liegen / . — Bodos Schulsachen liegen auf dem Boden.
9. Kiras Schulheft / unter / Schreibtisch / liegen / . — Kiras Schulheft liegt unter dem Schreibtisch.
10. der Mülleimer / neben / Spülmaschine / stehen / . — Der Mülleimer steht neben der Spülmaschine.

nach 5

5 Markieren Sie die Verben und die passenden Präpositionen.

● **Stellt** das Sofa bitte (1) **ins**/ans/aufs Wohnzimmer.

○ Wohin sollen wir es stellen? Rechts oder links (2) unter/an/zwischen die Wand?

● Ahmed, hängst du bitte dieses Bild (3) an/zwischen/über die Wand.

○ Wohin genau? Hier (4) zwischen/über/an das Sofa?

● Nein, häng es bitte (5) neben/in/auf den Schrank.

● Ihr könnt die Spülmaschine (6) neben/auf/zwischen den Herd stellen.

○ (7) Zwischen/Unter/In den Herd und den Kühlschrank?

● Ja, bitte.

● Eleni, willst du den Teppich (8) unter/an/ins Wohnzimmer legen?

○ Nein, ich lege ihn im Schlafzimmer (9) auf/unter/zwischen den Boden.

● Puh, ich bin total fertig. Ich muss mich mal (10) aufs/ins/ans Sofa setzen.

○ Nein, bitte nicht! Deine Hose ist total schmutzig. Setz dich hier (11) auf/in/unter den Stuhl.

6 *Wohin* + Akkusativ – Schreiben Sie Sätze wie im Beispiel mit Präpositionen und Artikel.

1. ich / legen / meine Schlüssel / Tisch / .   *Ich lege meine Schlüssel auf den Tisch.*
2. Eleni / hängen / ihre Kleider / Schrank / .
3. Fabian / setzen / seinen Vogel / Käfig / .
4. wir / setzen / uns / Sofa / .
5. Dana / stellen / die Pflanze / Boden / .
6. Ahmed / hängen / den Spiegel / Wand / .
7. Eleni / legen / das Besteck / Küchenregal / .
8. Dana / stellen / die Vase / Tisch / .
9. Ahmed / stellen / das Bier / Kühlschrank / .
10. Eleni / hängen / die Lampe / Decke / .

nach 6

7 Wohnung oder WG? – Ergänzen Sie den Text.

Für viele junge Le_u t e_ ist eine eigene Wohn____ zu teu____.
Die Mi____ ist ho___ und man muss hohe Neben_____
bezahlen. Sie suchen oft ein Zim____ in einer
Wohngem_____ (WG). Plät___ in WGs findet man
meistens ohne Mak____, und mit etwas Glü___ muss man
keine Kau_____ bezahlen. Aber es sind nicht nur die Kos____.
Viele Leute sind auch neugi_____. Sie möchten Mens_____
kennenlernen und in einer WG lernt man die Mitbe_____
sehr gut kennen.

> **WG Merkmale**
> **4er WG 2w/2m sucht 1 Frau/Mann**
>
> Hallo an alle, die ein schönes, geräumiges und ruhiges Zimmer in einer 4er WG nähe Mainz (Uni) suchen! Wir suchen eine/n neuen Mitbewohner/in. Alter bis 30. Rauchen nicht erwünscht, Küche, Backofen, Kühlschrank, Herd, Mikrowelle, WC, Badewanne, Dusche, Bad-Mitbenutzung, Waschmaschine vorhanden, Fahrrad-Keller.

nach 8

8 Welche Wörter finden Sie in der Wortschlange? Markieren Sie und ergänzen Sie die Sätze.

STAUBSAUGERLEITERGESCHIRRHOLZPORTOKOSTENSTROMMÜLLPLASTIKGLÜHBIRNESCHUBLADEMETALL

1. Mein Schlafzimmerschrank und mein Bücherregal sind aus _Holz_.
2. Ich kann das Regal nicht per Post schicken, weil die _____ zu hoch sind.
3. Mein Schreibtisch hat rechts und links je eine _____, beide sind immer voll.
4. Eleni steht auf der _____ und repariert die Lampe an der Decke.
5. Sie ist für _____ verantwortlich, weil sie als Elektrikerin gearbeitet hat.
6. Die Lampe funktioniert, aber die _____ ist kaputt.
7. Viele Gartenstühle sind weiß und aus _____.
8. Dana spült das _____ selbst, weil die Spülmaschine nicht funktioniert.
9. Florian muss noch den _____ wegbringen.
10. Diese Tasse ist aus _____. Man kann sie nicht in die Mikrowelle stellen.
11. Ich kann den Teppich nicht sauber machen, weil der _____ nicht funktioniert.

9 Welche -maschinen kennen Sie? Schreiben Sie.

1. _Espresso-_
2. ....
3. ....   -maschine
4. ....

Ihr Wortschatz

Nomen

die Breite, -n	die Pflanze, -n
die Decke, -n	das Plastik *(Sg.)*
der Flohmarkt, ¨-e	das Produkt, -e
das Geschirr *(Sg.)*	das Regal, -e
die Höhe, -n	der Spiegel, –
das Holz, ¨-er	die Spülmaschine, -n
die Kaution, -en	der Strom *(Sg.)*
die Leiter, -n	der Teppich, -e
der Makler, –	der Umzug, ¨-e
die Marke, -n	die Unterkunft, ¨-e
die Maschine, -n	der Vorschlag, ¨-e
das Metall, -e	die Wand, ¨-e
der Müll *(Sg.)*	

Verben

angeben	stehen/stellen
ausziehen	tragen
einrichten	verbrauchen
gießen	verschenken
hängen	verteilen
liegen/legen	wegbringen
sitzen/setzen	wegwerfen
spülen	ziehen

Adjektive

froh/traurig	preiswert
hoch/niedrig	sauber
neugierig	schlimm
praktisch	verantwortlich

Andere Wörter

bestimmt	oben/unten
genug	über/unter
hinter/vor	unbedingt
neben/nebenan	zwischen

10 Was passt wo? – Schreiben Sie Wörter aus „Ihr Wortschatz" und andere Wörter zum Bild.

das Bad
die Dusche

11 Ergänzen Sie die Sätze mit Verben aus „Ihr Wortschatz".

1. Ich verreise nächste Woche. Kannst du bitte meine Pflanzen ....?
2. Die Lampe brauche ich nicht mehr. Ich will sie .... Brauchst du sie?
3. Kannst du bitte für mich das Bild über das Sofa ....?
4. Das Regal will niemand haben. Dann .... ich es ....
5. Hast du den Müll schon ....? – Nein, ich mache es gleich.

12 Für Ihren Alltag – Schreiben Sie in Ihrer Sprache.

Wie oft bist du schon umgezogen?

Wir brauchen eine/n …

Mein Fahrrad stelle ich immer in die Garage.

Im Winter steht mein Fahrrad im Keller.

Ich verkaufe vier Stühle aus Plastik/Metall/Holz.

Welche Farbe hat dein/e …?

Wie alt ist der/das/die … ?

Wer putzt in dieser Woche …?

Ich putze nicht gerne, aber ich bügle gerne.

13 Ihre Wörter und Sätze – Schreiben Sie.

Ihre Sprache: Deutsch:

14 Ihr Text – Meine Wohnungswünsche. Schreiben Sie eine Liste.

– Ich möchte eine Wohnung mit Balkon.
– Ich möchte ein …

3 Bei der Arbeit – nach der Arbeit

nach 2

1 Arbeit und Freizeit

a Welche Wörter passen zusammen? Schreiben Sie auch die Artikel.

~~Beruf~~   Mitarbeiter   Sport   Junge   ~~Hobby~~   Lösung
Werkstatt   Chefin   Problem   Tischtennis   Mädchen   Büro

der Beruf – das Hobby ....

....

....

b Welches Verb passt nicht? Streichen Sie durch.

1. Wir müssen die Mitarbeiter des Jahres ~~sagen~~/auswählen/vorschlagen.
2. Die Gewinner heißen/sind/kommen Jana Barth und Aman Eid.
3. Jana organisiert/kauft/schreibt die Arbeitspläne.
4. Sie bestellt/plant/organisiert auch den Betriebsausflug.
5. Aman installiert/repariert/freut Solaranlagen.
6. Er findet es wichtig, dass Jugendliche Spaß an Technik bekommen/spielen/haben.

c Ergänzen Sie.

Wir stellen vor – neu bei uns in der Firma

1. **Jens Melchers** ist Student und macht zwei Monate hier ein
(1) *Praktikum*. Er soll alle (2) .... bei uns in
der Firma kennenlernen. Besonders interessant findet er die Arbeit mit
Menschen und den Kontakt mit (3) .... Später möchte
er (4) .... im Außendienst arbeiten. Seine Hobbys sind
(5) .... und Schach spielen.

2. **Britta Kaiser** ist (1) .... und neu bei uns im Betrieb. Sie
(2) .... neue Computersysteme. Aber sie hilft natürlich
auch bei (3) .... mit den Computern. In ihrer ersten
Woche hat sie gleich fünf (4) .... gemacht, weil das neue
Computersystem nicht (5) .... hat. Privat arbeitet sie
bei einem (6) .... in einer Schule mit. Da lernen
(7) .... alles Wichtige über Computer. Frau Kaiser
(8) .... auch gerne. Mittags isst sie oft nur einen Salat
in der (9) ...., und abends gibt es dann zu Hause ein
(10) ....

schwimmen
~~Praktikum~~
Kunden
Abteilungen
vielleicht
kochen
Informatikerin
Kantine
Menü
Mädchen
Computerclub
Problemen
funktionieren
installieren
Überstunden

16   sechzehn

nach 3

2 Mit wem, von wem?

a Ergänzen Sie die Endungen im Dativ.

In (1) mein_em_ Sprachkurs sind fünfzehn Leute aus zehn verschiedenen Ländern. Seit (2) unser_____ Kursfest kenne ich endlich alle Namen! Und von (3) unser_____ Lehrerin bekommen wir tolle Tipps, und sie hilft uns auch bei (4) unser_____ Problemen mit den Ämtern. Nach (5) unser_____ Kurs möchten wir auch privat in Kontakt bleiben.

b Ergänzen Sie die Possessivartikel im Dativ.

Herr Fein arbeitet seit vier Wochen in (1) _unserer_ Firma. Seit (2) u_____ Betriebsfest vor zwei Wochen kennt er alle Mitarbeiter aus (3) s_____ Abteilung. Er bekommt oft Hilfe von (4) s_____ Kolleginnen. Bei uns sind die Chefs freundlich zu (5) i_____ Mitarbeitern. Wir bekommen von (6) u_____ Chefs auch Geburtstagsgeschenke!

c Nominativ, Akkusativ oder Dativ? Markieren Sie die passenden Possessivartikel.

Stefanie ist (1) **unsere**/unserer neue Kollegin. In (2) ihr/ihrem Büro ist viel los, weil alle (3) unsere/unserer neue Kollegin kennenlernen möchten. In (4) ihre/ihrer Mittagspause geht sie manchmal mit (5) ihr/ihren/ihrem Freund essen. (6) Unser/Unseren/Unserem Kollege Felix arbeitet viel und hat wenig Zeit für (7) sein/seinen/seinem Sohn und für (8) seine/seiner Frau. Aber samstags geht er oft mit (9) seine/seiner Familie essen und am Sonntag spielt er viel mit (10) sein/seinen/seinem Sohn.

nach 5

3 Hast du gehört, dass ...? – Schreiben Sie die Sätze wie im Beispiel.

1. Hast du vergessen, dass / gleich / haben / eine Besprechung / wir / ?
   Hast du vergessen, dass wir gleich eine Besprechung haben?

2. Ich denke, dass / über die Arbeitspläne / sprechen / wir / .
   ....

3. Frau Gellert hat auch gesagt, dass / diskutieren / über den Betriebsausflug / wir / .
   ....

4. Ich meine, dass / müssen / wir / über unsere Urlaubstermine / sprechen / .
   ....

5. Übrigens, findest du auch, dass / sehr gut / aussehen / unser neuer Mitarbeiter / ?
   ....

6. Und hast du schon gehört, dass / Renate / finden / ihn / ganz toll / ?
   ....

7. Weiß sie denn, dass / schon drei Kinder / haben / er / ?
   ....

8. Ja, aber sie hat erzählt, dass / geschieden / sein / er / .
   ....

nach 6

4 Nach der Arbeit – Ergänzen Sie den Dialog.

bis   Uhr   lange   arbeiten   gerne   ~~zusammen~~
nach   leider   doch   Freitag   Zeit

- Lernen wir (1) __zusammen__ Deutsch?
- Ja, (2) _____.
- Hast du am Mittwochabend (3) _____?
- Nein, da kann ich (4) _____ nicht.
- Wie ist es am Donnerstagabend?
- Da muss ich lange (5) _____, bis 19 Uhr.
- Kannst du nicht (6) _____ der Arbeit?
- (7) _____, aber das ist mir zu spät. Ich kann am Freitag ab vier (8) _____.
- Gut, da kann ich auch, aber nur (9) _____ 6 Uhr. Dann habe ich Training.
- Zwei Stunden, das ist doch (10) _____ genug.
- Stimmt! Okay, dann bis (11) _____!

nach 7

5 Der Verein

a Sportarten – Schreiben Sie die Sportarten zu den Zeichnungen.

Reiten   Schwimmen   Tischtennis   ~~Gymnastik~~   Tennis   Eishockey   Judo
Fußball   Volleyball   Tanzen   Laufen   Radfahren

1. __Gymnastik__
2. _____
3. _____
4. _____
5. _____
6. _____
7. _____
8. _____
9. _____
10. _____
11. _____
12. _____

18   achtzehn

b Informationen erfragen. Schreiben Sie die Fragen zu den Antworten.

Gibt es noch freie Plätze?   Was brauche ich für die Anmeldung?   Gibt es eine Ermäßigung?

~~Wo findet der Tanzkurs statt?~~   Gibt es auch vormittags Kurse?

Wo kann ich mich anmelden?   Was kostet der Tanzkurs pro Monat?

1. ● *Wo findet der Tanzkurs statt?*
   ○ In der Tanzschule in der Berliner Straße, Raum 2.

2. ● ....
   ○ Nein, wir bieten leider nur abends Kurse an.

3. ● ....
   ○ 40 Euro pro Monat.

4. ● ....
   ○ Ja, wir haben noch freie Plätze.

5. ● ....
   ○ Ja, es gibt Ermäßigungen, zum Beispiel für Schüler und Studenten.

6. ● ....
   ○ Die Anmeldung ist in unserem Büro in der Schellingstraße 30.

7. ● ....
   ○ Sie müssen das Anmeldeformular ausfüllen und unterschreiben und einen Ausweis mitbringen.

nach 8

6 Freizeit in Frankfurt – Ergänzen Sie die Nachricht.

Hallo Nils,

liebe Grüße aus Frankfurt. Ich besuc___ hier eine Freun_____.
Die Stadt gef_____ mir sehr g___. Gestern haben wir im Skyline-Plaza
eingek_____. Ich ha___ eine Jeans gekauft. Sie hat nur 35 Eu___
gekost___! Am Abend wa____ wir in einem klei_____ Resta_____
in Sachsenhausen und haben Grüne So___ mit Ei und
Bratkart_____ gegessen. Lecker ☺!!!
He____ möc_____ wir ein pa___ Sehenswürdi_____ ansehen:
Wir möc_____ in die Paulskirche u___ in ein Mus_____ gehen,
viell_____ in das Museum der Weltkulturen. Danach gril____ wir
am Main. Ich lie___ es, aben___ am Flu___ zu sit_____! Am Son_____
muss ich dann sch___ wieder nach Hause zur_____ fah_____.
Ma_____ wir näc_____ Woche mal was zus_____?
Bis ba___, Katrin

Paulskirche in Frankfurt

Ihr Wortschatz

Nomen

die Abteilung, -en	der Preis, -e
die Atmosphäre *(Sg.)*	das Projekt, -e
das Ausland *(Sg.)*	die Sehenswürdigkeit, -en
der Babysitter, –	die Soße, -n
die Babysitterin, -nen	der Start, -s
die Besprechung, -en	die Technik *(Sg.)*
der Betrieb, -e	das Tier, -e
das Dokument, -e	der Treffpunkt, -e
das Flugzeug, -e	die Überstunde, -n
die Gymnastik *(Sg.)*	die Umgebung *(Sg.)*
das Herz, -en	der Unterricht *(Sg.)*
die Kantine, -n	der Verein, -e
der Kilometer, – (km)	Volleyball
die Klasse, -n	die Wahl, -en
die Länge, -n	der Wohnort, -e
die Lösung, -en	das Ziel, -e
das Menü, -s	der Zoo, -s
das Mitglied, -er	

Verben

auswählen	liefern
genießen	meinen
installieren	mitarbeiten (bei + D.)

Adjektive

aktiv	sportlich
erfolgreich	typisch
ganz	wahr
hilfsbereit	zentral

Andere Wörter

dass	neben
denn	rund = ungefähr
eigentlich	stundenweise
je	dort

7 Ordnen Sie Wörter aus „Ihr Wortschatz" zu. Ergänzen Sie weitere Wörter.

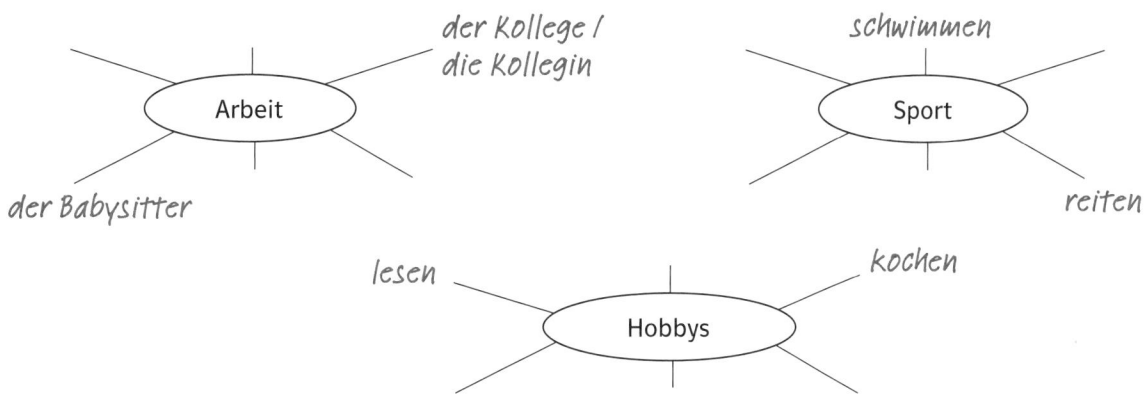

8 Ergänzen Sie Wörter aus „Ihr Wortschatz".

1. Meine Kolleginnen sind alle sehr nett. Die .... in meiner Abteilung ist super.
2. Nächste Woche habe ich viel Arbeit. Da muss ich viele .... machen.
3. Mein Kollege erklärt mir immer die neuen Computerprogramme. Er ist sehr ....
4. Für jedes Problem findet er eine ....
5. Wir haben morgen um 10 Uhr eine .... im Team.
6. Thema ist unser neues ....
7. Bei diesem Projekt werde ich oft ins .... reisen: Nach China, nach Brasilien, … .
8. Das .... ich immer sehr, weil ich da tolle neue Länder kennenlernen kann.

9 Für Ihren Alltag – Schreiben Sie in Ihrer Sprache.

Weißt du schon, dass … ?   ....
Ich mache zwei Stunden Sport pro Woche.   ....
Ich möchte eigentlich viel mehr mit … machen.   ....
Ja, klar kannst du mit deinen Kindern kommen.   ....
Kannst du am Samstag nicht?   ....
Doch, da habe ich Zeit, aber nur ab/bis 11 Uhr.   ....
Nein, da kann ich leider nicht.   ....

10 Ihre Wörter und Sätze – Schreiben Sie.

Ihre Sprache: Deutsch:

11 Ihr Text – Was machen Sie nach der Arbeit oder nach dem Deutschkurs?

Hobbys   Familie   Freunde   Sport   Kurse   Haushalt

Nach dem Deutschkurs gehe ich manchmal …

4 Was ziehe ich an?

nach 2

1 Kleidung

a Suchen und markieren Sie im Rätsel 14 Wörter zum Thema Kleidung.

T	M	S	T	I	E	F	E	L	A	B	D	Z	U	K	L	R	N
F	S	O	E	R	V	O	N	T	I	M	A	N	T	E	L	O	B
K	I	C	S	T	N	G	D	H	E	X	K	A	I	T	D	C	E
L	O	K	A	M	B	A	D	E	A	N	Z	U	G	L	E	K	I
E	B	E	F	A	N	R	P	M	U	S	A	D	Ü	I	D	C	H
I	H	G	L	N	O	M	V	D	Z	A	H	B	R	W	J	E	O
D	Z	B	L	U	S	E	I	D	S	M	U	A	T	L	A	B	S
T	U	R	E	M	A	N	T	G	V	K	T	Y	E	A	C	T	E
W	S	M	K	R	A	W	A	T	T	E	C	K	L	R	K	U	I
Y	N	P	M	I	B	S	T	R	U	M	P	F	A	M	E	L	T

b Notieren Sie die Wörter aus 1a mit Artikel und Plural in einer Tabelle. Ergänzen Sie weitere Wörter.

der	das	die
der Mantel, die Mäntel		

2 Im Kaufhaus – Lesen Sie die Informationstafel und ergänzen Sie die Dialoge.

1. ● Entschuldigung, wo finde ich Anzüge?
   ○ Gehen Sie in den ersten Stock, da ist die *Herrenmode* .

2. ● Ich suche eine Hose für meinen Sohn, er ist 5 Jahre alt.
   ○ Die .... ist im 3. Stock.

3. ● Wo finde ich Handschuhe? Im ersten Stock?
   ○ Nein, da müssen Sie ins .... gehen.

4. ● Können Sie mir bitte helfen? Ich möchte eine Kette kaufen.
   ○ Natürlich, gerne. .... finden Sie bei uns im Erdgeschoss.

5. ● Meine Tochter braucht einen Badeanzug.
   ○ Da gehen Sie bitte ins Untergeschoss. Da gibt es alles für Sport und ....

6. ● Entschuldigen Sie, ich habe meine Schlüssel verloren. Ich glaube, das war hier im Kaufhaus. Gibt es hier ein ....?
   ○ Ja, natürlich. Gehen Sie bitte in den 3. Stock.

3. Stock
Kinderabteilung – Junge Mode
Fundbüro, Kundentoilette

2. Stock
Damenmode – Damenschuhe

1. Stock
Herrenmode – Herrenschuhe

Erdgeschoss
Schmuck, Parfümerie, Kosmetik
Alles für Hand und Fuß

Untergeschoss
Mode für Sport und Urlaub
Unterwäsche

nach 3

3 Wie gefällt dir …?

a Verben mit Dativ – Ergänzen Sie.

gefallen

~~helfen~~

passen

stehen

1. ● Kann ich Ihnen (1) ...*helfen*...?
   ○ Ja, wir suchen eine Bluse für meine Tochter.
   ● Welche Größe hast du denn?
   ○ Normalerweise (2) .... mir Größe XS.
   ● (3) .... dir diese Bluse hier in Rot?
   ○ Nein, ich mag Rot nicht, ich finde, Rot (4) .... mir nicht.

gehören

gefallen

stehen

2. ● Wem (1) .... der Schal hier?
   ○ Ich glaube, das ist mein Schal. (2) .... er dir?
   ● Ja, sehr. Und er (3) .... dir sehr gut!
   ○ Danke!

danken

gefallen

gratulieren

3. ● Hallo Nuno, herzlichen Glückwunsch zum Geburtstag.
   Wir (1) .... dir ganz herzlich!
   ○ Ich (2) .... euch!
   ● Und hier, das ist für dich. Hoffentlich (3) .... dir unser Geschenk.

b Nominativ, Akkusativ oder Dativ – Markieren Sie die passenden Personalpronomen.

1. Ich habe gestern einen Gürtel gekauft. **Er**/Ihn ist blau und gefällt mich/mir sehr gut.
2. Weißt du, wo meine Handschuhe sind? Ich finde sie/ihnen nicht.
3. Pablo, gehört dir/dich die Mütze hier? Sie/Ihr liegt hier schon seit drei Tagen.
4. Die Schuhe passen mich/mir leider nicht mehr. Möchtest du sie/ihnen mal anprobieren?
   Vielleicht passen die Schuhe dir/du?
5. Deine Jacke ist sehr schön. Sie steht dich/dir fantastisch!
6. Ich brauche einen Mantel. Vielleicht kannst du mich/mir helfen? Wo kaufst du/dich Kleidung?
7. Ich suche meinen Strumpf. Hast du ihn/ihm gefunden?
8. Wem gehören die Schuhe hier? Mir/Ich gehören sie nicht.

c Ergänzen Sie die Personalpronomen.

● Gefällt (1) ...*euch*... mein Hut?

○ Ja, sehr gut. Wo hast du (2) .... gekauft?

● Ich habe (3) .... nicht gekauft. Meine Großmutter hat (4) .... den Hut geschenkt.

○ Deine Großmutter? (5) .... versteht wirklich etwas von Mode!

● Ja, das finde (6) .... auch!

○ Der Hut steht (7) .... fantastisch!

● Danke!

dreiundzwanzig 23

nach 4

4 Adjektivdeklination

a Nominativ – Ergänzen Sie die Endungen.

1. Meine Lieblingskleider sind ein rot.......... Rock, ein blau.......... T-Shirt oder eine blau.......... Bluse.
2. Hier liegen grün.......... Strümpfe, eine braun.......... Mütze und ein gelb.......... Schal.
3. Sein schwarz.......... Anzug und sein weiß.......... Hemd sehen sehr elegant aus.
4. Eine weit.......... Hose und eine schick.......... Krawatte gefallen Jonas nicht.

b Akkusativ – Ergänzen Sie die Endungen.

1. Mario kauft eine grau.......... Hose, ein blau.......... Hemd und einen grün.......... Hut.
2. Sarah probiert im Kaufhaus ein neu.......... Kleid, einen schön.......... Rock und eine schick.......... Jacke an.
3. Jonas möchte zur Hochzeit keine elegant.......... Krawatte und keinen schwarz.......... Anzug anziehen.
4. Anna trägt gerne lustig.......... Kleidung. Sie mag ihre rot.......... Stiefel, gelb.......... Strümpfe und einen gestreift.......... Pullover.

5 Familie Wächter – Sehen Sie das Foto im Kursbuch auf Seite 47 an und ergänzen Sie die Adjektive in der Beschreibung.

Der Junge vor dem Schrank ist Jonas. Er trägt eine (1) *blaue*............, (2) .... Hose, ein (3) .... Hemd und (4) .... Socken.

Frau Wächter trägt eine (5) .... Hose und einen (6) .... Pullover. Sie möchte ein (7) .... Kleid anprobieren.

Anna sitzt auf dem Regal. Sie trägt ein (8) .... T-Shirt, einen (9) .... Rock und (10) .... Socken. Sie trägt sehr (11) .... Schuhe. Die Schuhe gehören Frau Wächter.

An der Tür hängt ein (12) .... Sakko. Das möchte Herr Wächter zur Hochzeit anziehen.

nach 5

6 *Was für ...?* – Schreiben Sie die Fragen zu den Antworten.

1. ● *Was für eine Bluse suchst du?*........................ ○ Ich suche eine blaue Bluse.
2. ● .... ○ Ich brauche ein elegantes Kleid.
3. ● .... ○ Ich möchte einen modischen Pullover kaufen.
4. ● .... ○ Ich brauche warme Schuhe.
5. ● .... ○ Ich trage zur Hochzeit eine schwarze Hose.

nach 8

7 Was trägt man zu einer Hochzeit? – Ergänzen Sie die Adjektive.

~~graue~~   weißen   blauen   schwarze

1. Ich war noch nicht oft zu einer Hochzeit eingeladen, nur einmal. Da habe ich eine (1) _graue_ Hose mit einem (2) .... Hemd und einer (3) .... Krawatte angezogen. Und (4) .... Schuhe habe ich getragen. Eigentlich habe ich nicht lange überlegt.

eleganten   grünes   hübschen   neue   warme

2. Vor einem Monat hat meine beste Freundin geheiratet. Natürlich habe ich mich da ganz schick angezogen. Ich habe ein (1) .... Kleid aus einem (2) .... Stoff mit einer (3) .... Kette getragen. Es war Sommer und man brauchte keine (4) .... Kleidung. Das war gut. Für das Fest habe ich mir auch eine (5) .... Handtasche gekauft.

grauer   schwarzen   weißes

3. Nächsten Samstag heiratet meine Tochter. Normalerweise trage ich gerne Jeans und einen Pullover, aber bei so einem Fest geht das natürlich nicht. Ich ziehe also einen (1) .... Anzug und ein (2) .... Hemd an. Was für eine Krawatte ich anziehe? Das habe ich noch nicht entschieden. Und mein (3) .... Hut darf nicht fehlen!

8 Was ziehen Sie wann an? – Schreiben Sie mit den Wörtern Sätze wie im Beispiel.

Bei der Arbeit			grün bunt	Hose Jacke
Zu Hause	tragen	immer	blau	Kleid Sakko
In der Freizeit		eng	weit	Bluse Hemd
Zu einem Fest	anziehen	manchmal	gelb elegant	Gürtel Rock
Im Garten		oft	alt kariert	Hut Turnschuhe
Am Sonntag		nie	gestreift …	Handtasche …

1. _In der Freizeit ziehe ich oft eine weite Hose mit einem weißen T-Shirt an._
2. _Bei der Arbeit trage …_
3. ....
4. ....
5. ....
6. ....

Ihr Wortschatz

Nomen

der Anzug, ̈e	die Mütze, -n
der Augenblick, -e	die Mode, -n
die Bluse, -en	das Parfüm, -s
die Erinnerung, -en	der Pullover, –
das Fundbüro, -s	der Quatsch (Sg.)
die Größe, -n	die Regel, -n
die Handtasche, -n	der Rock, ̈e
das Hemd, -en	die Rose, -n
die Hose, -n	der Schmuck (Sg.)
der Hut, ̈e	der Slip, -s
die Information, -en	die Socke, -n
die Jacke, -n	der Stiefel, –
das Kaufhaus, ̈er	der Stoff, -e
die Kette, -n	der Strumpf, ̈e
das Kleid, -er	das T-Shirt, -s
die Kleidung (Sg.)	das Tuch, ̈er
die Kosmetik (Sg.)	die Unterhose, -n
die Krawatte, -n	die Unterwäsche (Sg.)
der Mantel, ̈	die Vorsicht (Sg.)

Verben

anziehen	schauen
auffallen	stehen
heiraten	versuchen
passen	zurechtkommen

Adjektive

blond	hübsch/hässlich
bunt	nötig
elegant	schick
eng/weit	verrückt

Andere Wörter

absolut	nachher
egal	normalerweise

9 Schreiben Sie die Wörter zum Bild.

10 Ergänzen Sie den Text mit Wörtern aus „Ihr Wortschatz".

Ein Kunde möchte im (1) ....Kaufhaus.... einen Mantel kaufen. Er fragt eine Verkäuferin an der

(2) ....: „In welchem Stock finde ich (3) .... für den Winter?"

Der Kunde muss in den 2. Stock gehen. Er probiert einen schönen Mantel an, aber der Mantel

(4) .... ihm leider nicht. Er ist zu (5) .... Er fragt eine Verkäuferin:

„Haben Sie den Mantel auch in einer anderen (6) ....?"

11 Für Ihren Alltag – Schreiben Sie in Ihrer Sprache.

Entschuldigung, wo finde ich Strümpfe?

Kann ich Ihnen helfen?

Haben Sie den Pullover auch in Größe L?

Wo kann ich das Hemd anprobieren?

Die Jacke steht dir gut.

Die Hose passt mir nicht.

Was für ein Kleid suchst du denn?

Ich ziehe einen langen Mantel an.

12 Ihre Wörter und Sätze – Schreiben Sie.

Ihre Sprache: Deutsch:

13 Ihr Text. Was ziehen Sie gerne an? Was ziehen Sie nicht gerne an?

Ich ziehe gerne Röcke an. Aber meinen blauen Rock trage ich nicht so gerne, weil er ein bisschen zu eng ist. ...

siebenundzwanzig **27**

5 Fahrrad, Auto oder Bus?

nach 1

1 Welche Verkehrsmittel finden Sie in der Wortschlange? Markieren Sie und schreiben Sie die Wörter mit Artikel und Plural zu den Bildern.

gudlkwpolkmotorradüztzughschiffmolpkwadfefahrradslühtaxiliwflugzeugmurrubahnjeqabusxiv

1. .... 2. .... 3. .... 4. *der LKW, die LKWs* 5. ....

6. .... 7. .... 8. .... 9. .... 10. ....

nach 2

2 Wie kommen Sie zur Arbeit?

a Welche Verben passen? Ergänzen Sie. Es gibt immer mehrere Möglichkeiten

warten verpassen haben stehen fahren einsteigen ~~finden~~ aussteigen kommen nehmen ~~suchen~~ kaufen

1. einen Parkplatz *suchen, finden*
2. im Stau ....
3. den Bus ....
4. mit dem Fahrrad ....
5. am Bahnhof ....
6. eine Monatskarte ....

b Ergänzen Sie Verben aus 2a.

Heute war ein schrecklicher Tag. Morgens (1) ......*habe*...... ich den Bus ......*verpasst*....... Dann (2) .... ich zehn Minuten auf den nächsten Bus .... Er war total voll und ich (3) .... keinen Sitzplatz .... Nach der Arbeit hat eine Kollegin auf dem Parkplatz gesagt: (4) ...., du kannst mit mir fahren! Aber wir (5) .... eine halbe Stunde im Stau .... Morgen (6) .... ich mit dem Fahrrad zur Arbeit!

c **Adjektive – Wie heißt das Gegenteil? Schreiben Sie.**

~~neu~~   langsam   kurz   groß   langweilig   alt
spät   krank   eng   hell   teuer   gut

1. gebraucht _neu_
2. dunkel ....
3. jung ....
4. billig ....
5. schlecht ....
6. gesund ....
7. weit ....
8. klein ....
9. früh ....
10. lang ....
11. schnell ....
12. interessant ....

d **Welches Adjektiv passt nicht? Streichen Sie es durch.**

1. Ich war heute früher/~~heller~~ als sonst zu Hause.
2. Mein Freund fährt lieber/besser mit dem Zug als mit dem Bus.
3. Meine Mutter findet das Fahrrad praktischer/weiter als das Auto.
4. Frau Hauer meint, dass zu Fuß gehen weniger/gesünder als Busfahren ist.
5. Viele sagen, dass Busfahren billiger/früher als Zugfahren ist.

e **Ergänzen Sie die Adjektive im Komparativ.**

1. stark: Meine Schwester ist _stärker_ !
2. groß: Mein Bruder ist .... !
3. dunkel: Meine Haare sind .... !
4. praktisch: Mein Handy ist .... !
5. schnell: Mein Auto ist .... !
6. interessant: Mein Buch ist .... !
7. gut: Mein Job ist .... !
8. teuer: Mein Fahrrad ist .... !
9. hoch: Mein Haus ist .... !

nach 3

3 ... so ... wie, ... als ...

a **Ergänzen Sie wie oder als.**

● Bald fahren wir in den Urlaub! Ich freue mich schon! Wir fahren mit dem Zug, oder?

○ Mit dem Zug? Aber der Zug ist doch viel teurer (1) _als_ der Bus!

● Nein, das stimmt nicht. Es gibt günstige Angebote, da zahlt man so viel (2) .... mit dem Bus.
Und ich fahre einfach lieber mit dem Zug (3) .... mit dem Bus.

○ Aber ich finde den Bus besser (4) .... den Zug.

● Dann fahren wir mit dem Auto! Das geht so schnell (5) .... mit dem Zug.

○ Aber Autofahren ist viel gefährlicher (6) .... Zugfahren!

● Weißt du was? Dann bleiben wir zu Hause! Das ist billiger (7) .... wegfahren!

neunundzwanzig **29**

b Schreiben Sie Sätze wie im Beispiel.

1. dein T-Shirt / schick
2. deine Stiefel / hoch
3. dein Schal / lang
4. deine Jacke / warm
5. deine Strümpfe / bunt
6. dein Pullover / schön
7. dein Rock / kurz
8. dein Hut / schön

1. Dein T-Shirt ist so schick wie mein T-Shirt.
   Dein T-Shirt ist schicker als mein T-Shirt.
2. Deine Stiefel sind ...

nach 4

4 Nebensätze mit *wenn*

a Schreiben Sie die Sätze und markieren Sie die Verben wie im Beispiel.

1. es regnet / , // ich fahre mit dem Bus / .

   Wenn es (regnet), fahre ich mit dem Bus.
   Ich fahre mit dem Bus, wenn es (regnet).

2. ich besuche meine Tante / , // ich fliege / .

3. ich hole meine Kinder ab / , // ich nehme das Auto / .

4. ich mache Urlaub auf Sizilien / , // ich fahre mit dem Schiff / .

5. das Wetter ist schön / , // ich mache eine Fahrradtour / .

b Was passt: *dass*, *weil* oder *wenn*? Markieren Sie.

Mir gefällt, (1) dass/weil die Verkehrsmittel in meiner Stadt so gut funktionieren. Ich muss nie lange warten, (2) dass/weil alle fünf Minuten ein Bus kommt. Es ist nur stressig, (3) dass/weil die Busse oft sehr voll sind. (4) Wenn/Weil man zum Beispiel morgens zwischen 7 und 9 Uhr fährt, muss man oft stehen. Ich fahre manchmal mit dem Fahrrad zur Arbeit, (5) dass/wenn das Wetter schön ist. Das hat den Vorteil, (6) dass/weil es billig ist. Ich spare Geld, (7) dass/weil ich keine Fahrkarte kaufen muss.

nach 5

5 Ergänzen Sie die Wörter.

Einwohner   ~~doppelt~~   außerhalb   normal   Jahrhundert   öffentlich   Benzin

1. Der Bus kostet 15 Euro und die Bahn 30 Euro: Die Bahn ist _doppelt_ so teuer.
2. Die Zeit von 1901 bis 2000 ist das 20. ....
3. Berlin hat über 3 Millionen ....
4. Wenn das Auto nicht mit Strom fährt, braucht es ....
5. Das Gegenteil von privat: ....
6. Ich wohne nicht in der Stadt, ich wohne ....
7. Alle machen das so – das ist ganz ....

nach 6

6 Im Sommer verdiene ich am meisten!

a Ergänzen Sie die Komparativformen und die Superlativformen. Probleme? Die Wörter unten helfen.

1. schön — _schöner_ — _am schönsten_
2. hoch
3. dunkel
4. gesund
5. gut
6. spät
7. teuer
8. lang
9. gerne
10. viel

am längsten   ~~schöner~~   am höchsten   teurer   höher   am gesündesten
später   ~~am schönsten~~   gesünder   am meisten   länger
am besten   am dunkelsten
lieber   besser   mehr   am spätesten   am teuersten   am liebsten   dunkler

b Ein Fahrrad-Taxifahrer erzählt. – Ergänzen Sie die Superlative.

Ich bin seit zwei Monaten Fahrrad-Taxifahrer in Berlin. Ich habe schon verschiedene Jobs gemacht, aber dieser gefällt mir (1) (gut) _am besten_. Wenn die Sonne scheint, verdiene ich natürlich (2) (viel) .... Aber ich fahre (3) (gerne) ...., wenn es regnet. Dann ist es in der Stadt (4) (ruhig) ....

Mein Kollege Carlo macht den Job hier schon (5) (lang) .... Er sagt, dass es im Winter (6) (anstrengend) .... ist. Im Februar ist es hier (7) (kalt) ....! Und (8) (schwer) .... ist es, wenn man zwei Erwachsene fahren muss. Aber manchmal ist das auch sehr lustig. (9) (lustig) .... war einmal ein altes Ehepaar aus Rumänien. Sie haben tolle Geschichten erzählt. Wir hatten so viel Spaß!

Ihr Wortschatz

Nomen

die Ampel, -n	der Parkplatz, ⸚e
der Automat, -en	der PKW, -s
die Bahn, -en	das Rad, ⸚er
das Benzin *(Sg.)*	das Radio, -s
die Demonstration, -en	die Regierung, -en
der Diesel *(Sg.)*	das Schiff, -e
die Einwohner, –	das Schloss, ⸚er
die Gebühr, -en	die Sonne, -n
das Jahrhundert, -e	der Stau, -s
das Kraftfahrzeug, -e	der Tarif, -e
die Kreditkarte, -n	der Unfall, ⸚e
der LKW, -s	der Verkehr *(Sg.)*
die Monatskarte, -n	das Verkehrsmittel, –
der Nachteil, -e	der Vorteil, -e
der Notfall, ⸚e	die Welt, -en

Verben

bauen	leihen
bestimmen	sparen
hoffen	verpassen

Adjektive

automatisch	häufig/selten
beliebt	klug
bequem	lustig/traurig
besetzt	öffentlich/privat
fremd	praktisch
gefährlich	schwer

Andere Wörter

als	nirgends
außerhalb	so ... wie
doppelt/halb	sonst
gratis	wenn
kaum	wieso

5

7 Ergänzen Sie Nomen aus „Ihr Wortschatz".

● Guten Morgen! Endlich scheint mal wieder die (1) ....!

○ Ja, aber jetzt im Winter ist es mit dem (2) .... zu kalt, da nehme ich die U-Bahn.

● Kauf dir doch eine (3) ...., wenn du so oft mit der U-Bahn fährst!

Am Hauptbahnhof steht ein (4) ...., da kannst du dir die Karte einfach kaufen.

○ Hm, manchmal fahre ich ja doch mit dem Auto. Aber da finde ich nie einen (5) ....

● Genau. Und morgens stehst du immer ewig im (6) ....

○ Stimmt. Und die Preise für das (7) .... sind einfach zu hoch!

● Und die öffentlichen Verkehrsmittel sind nicht so gefährlich, da gibt es weniger (8) ....!

8 Ergänzen Sie Adjektive aus „Ihr Wortschatz". Manchmal gibt es mehrere Möglichkeiten.

1. Ich finde dein Wohnzimmer sehr ....
2. Sie müssen nichts tun, wir buchen die Gebühr .... ab.
3. Fahrräder sind in Freiburg sehr ....
4. Alle fahren mit dem Rad zur Arbeit, das ist ganz ....

9 Für Ihren Alltag – Schreiben Sie in Ihrer Sprache.

Wie kommst du zum Kurs?

Meistens fahre ich mit dem Rad.

Ich fahre lieber mit der U-Bahn als mit dem Auto.

Was ist los?

Der Bus ist schneller als das Fahrrad.

Wenn das Wetter schön ist, gehe ich zu Fuß.

Mir gefällt in meinem Beruf am besten, dass ich …

Am Wochenende verdiene ich am meisten.

Ich arbeite am liebsten nachts.

10 Ihre Wörter und Sätze – Schreiben Sie.

Ihre Sprache: Deutsch:

11 Ihr Text – Welche Verkehrsmittel benutzen Sie wann?

*Ich fahre im Urlaub gerne mit dem Fahrrad, weil man so mehr sieht.
Das Auto benutze ich, wenn ich …*

6 Ein Besuch in Berlin

nach 2

1 Ergänzen Sie die Sätze.

Nähe   Glas   Museum   Touristeninformation   ~~besichtigen~~

Eintritt   Stadtzentrum   Fluss   Dom   zahlt

Wetter

1. Wenn man eine Stadt _besichtigen_ möchte, muss man sich vorher informieren.
2. In der .... bekommt man Tipps für den Stadtbesuch.
3. Bei gutem .... kann man eine Fahrt mit dem Schiff auf dem .... machen.
4. Wenn es regnet, kann man in ein .... gehen und Bilder ansehen.
5. Der .... für Museum oder Theater ist ziemlich teuer. Mit einem Touristenpass .... man weniger.
6. In Berlin ist auch die Reichtagskuppel interessant. Sie ist ganz aus ....
7. Viele Sehenswürdigkeiten sind im .... Deshalb ist es gut, wenn man in der .... wohnt.
8. Große Kirchen heißen oft ....

2 Schreiben Sie die Fragen in der Touristeninformation und ordnen Sie die Antworten zu.

1. kostet / was / der Eintritt / in den Zoo / ?
   Frage: _Was kostet der Eintritt in den Zoo?_   Antwort: ....
2. macht / das Bodemuseum / wann / auf / ?
   Frage: ....   Antwort: ....
3. nach Oranienburg / der Bus 200 / fährt / auch / ?
   Frage: ....   Antwort: _b)_
4. gut essen / kann man / wo / am Abend , // wenig Geld / wenn / man / hat / ?
   Frage: ....   Antwort: ....
5. mit dem Schiff / kann man / fahren / vom Stadtzentrum nach Potsdam / ?
   Frage: ....   Antwort: ....
6. den Berlin-City-Pass / kann man / kaufen / für wie viele Tage / ?
   Frage: ....   Antwort: ....

Antworten
a) Es gibt ihn für zwei, drei oder sechs Tage.
b) Nein, aber sie können vom Bahnhof Friedrichstraße mit der S1 fahren.
c) Für ein Tagesticket zahlen Sie 14 Euro, aber es lohnt sich!
d) Gute und preiswerte Restaurants finden Sie in Kreuzberg.
e) Dienstag bis Sonntag immer um 10 Uhr. Montags ist geschlossen.
f) Nicht vom Stadtzentrum, aber von Wannsee aus kann man fahren.

nach 3

6

3 Wiederholung: Adjektivendungen – Ergänzen Sie. Überlegen Sie immer zuerst: Welchen Artikel hat das Nomen?

1. ● Ich suche ein billig*es* Zimmer mit Dusche.
   ○ Ich kenne ein gemütlich........... Hotel in Kreuzberg, in einem interessant........... Stadtteil in Berlin.
2. ● Haben Sie noch eine günstig........... Eintrittskarte für die Blue-Man-Show?
   ○ Nein, leider habe ich nur noch teur........... Karten ab 60 Euro.
3. Möchtest du einen interessant........... Ausflug machen? Dann empfehle ich dir Potsdam.
4. Gestern war ich in einem toll........... Museum. Es heißt „Neues Museum".
5. Ich esse mittags gerne einen klein........... Döner mit viel Salat.

4 Ratschläge

a Schreiben Sie die Sätze im Imperativ.

1. (du) ausleihen / doch / ein Fahrrad / . *Leih doch ein Fahrrad aus.*
2. Sie / eine Radtour / machen / zum Wannsee / .
3. Sie / kaufen / die Zeitschrift „Tip" / morgen / .
4. (du) nehmen / den Bus 100 / .

b Schreiben Sie die Sätze mit *müssen/können*.

1. du / müssen / gehen / auf jeden Fall / ins Kaufhaus des Westens / .
   Du musst auf jeden Fall ins Kaufhaus des Westens gehen.
2. ihr / müssen / gehen / unbedingt / ins Theater / .
3. wir / doch / morgen / einen Spaziergang / machen / im Tiergarten / können / .
4. Sie / essen / sehr gut / in Kreuzberg / können / .

c Schreiben Sie *wenn*-Sätze mit Ratschlag.

1. das Wetter / schlecht / sein / , // am besten / gehen / ins Kino / Sie / .
   Wenn das Wetter schlecht ist, gehen Sie am besten ins Kino.
2. das Wetter / gut / sein / , // am besten / machen / ihr / in Berlin-Mitte / einen Spaziergang / .
3. kalt / sein / es / , // am besten / besuchen / das Pergamonmuseum / Sie / .
4. warm / sein es / , // am besten / fahren / an den Wannsee / du / .

nach 5

5 Wegbeschreibungen – Ergänzen Sie die Präpositionen.

~~an~~   über   an   gegenüber   durch   in   bis zur   über   an

Gehen Sie …

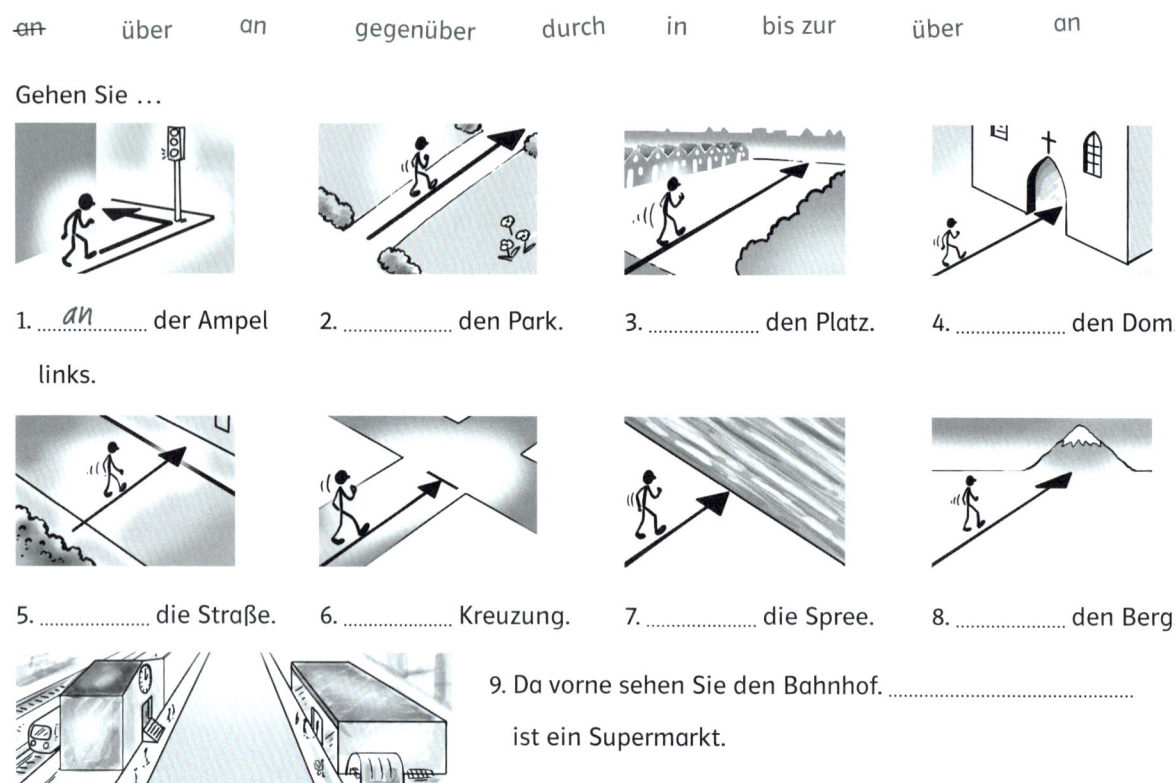

1. *an* der Ampel links.
2. .... den Park.
3. .... den Platz.
4. .... den Dom.
5. .... die Straße.
6. .... Kreuzung.
7. .... die Spree.
8. .... den Berg.
9. Da vorne sehen Sie den Bahnhof. .... ist ein Supermarkt.

nach 7

6 Wörterrätsel – Lesen Sie 1 bis 8 und ergänzen Sie das Rätsel (ß = ss).

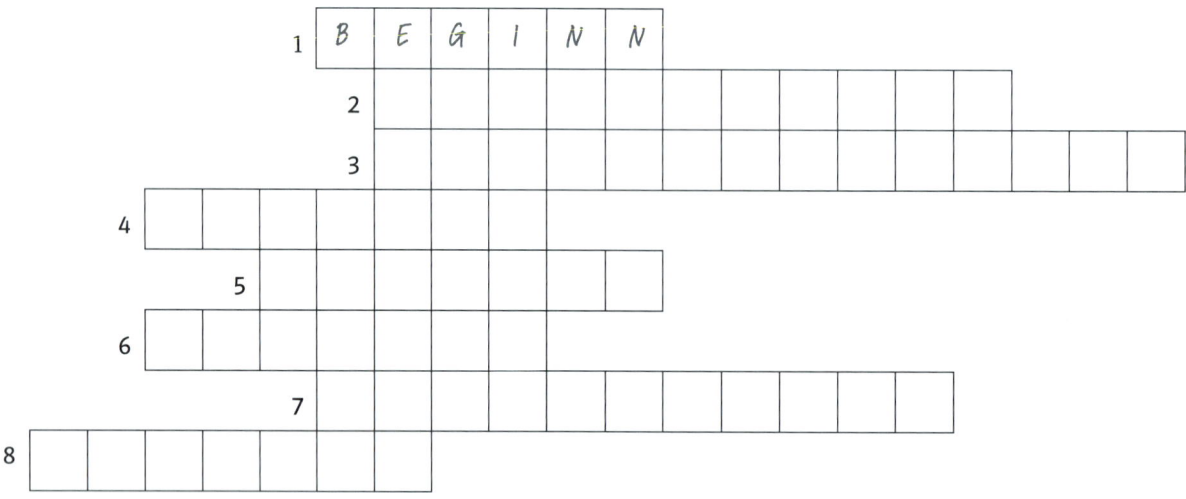

1. Der … von der Veranstaltung ist um 18 Uhr.
2. Schüler müssen oft nicht den vollen Preis bezahlen. Sie bekommen in vielen Veranstaltungen eine … .
3. Eine … für ein Konzert ist leider oft sehr teuer.
4. Ich liebe Musik und gehe gerne ins … .
5. Ich gehe gerne ins …, aber auf Deutsch verstehe ich die Schauspieler noch nicht so gut.
6. Er ist … an der Humboldt-Universität.
7. Dieses Fest feiert man in Deutschland vom 24.12 bis zum 26.12.
8. Englisch ist heute die wichtigste …, aber immer mehr Menschen lernen auch Deutsch.

7 Tickets kaufen – Ergänzen Sie die Sprechblasen.

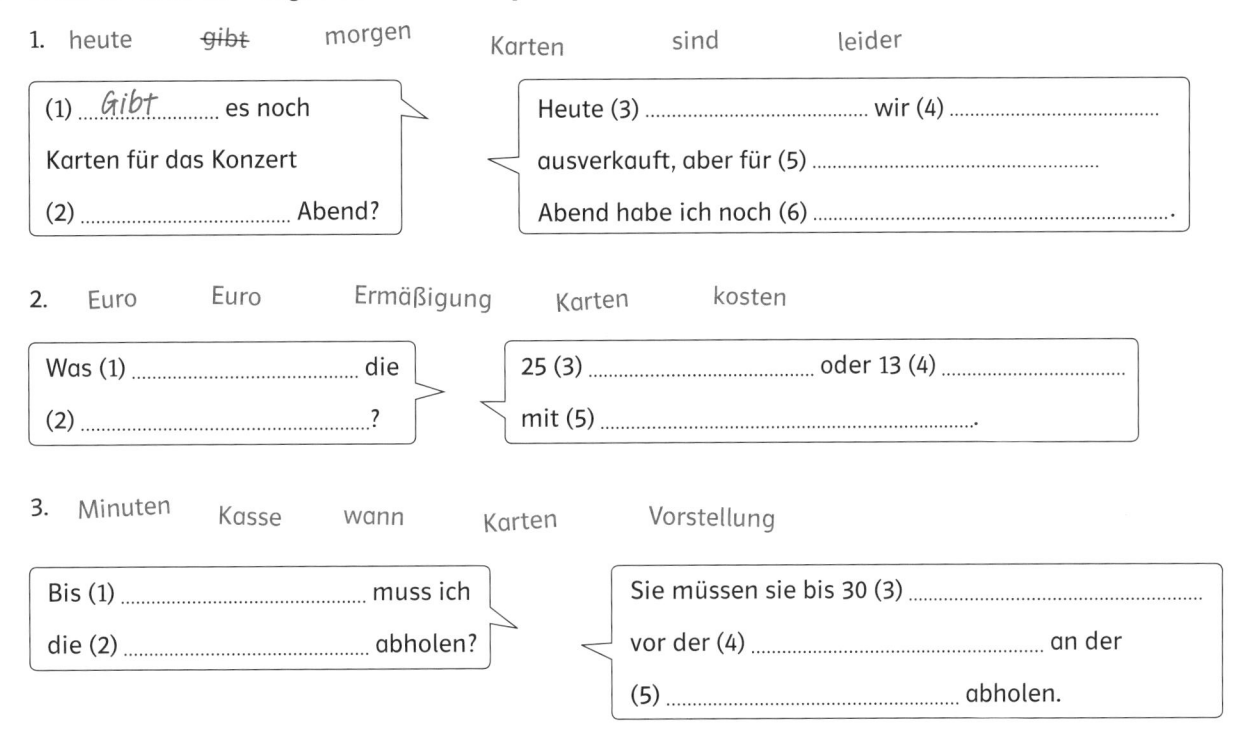

1. heute   ~~gibt~~   morgen   Karten   sind   leider

(1) __Gibt__ es noch Karten für das Konzert (2) .... Abend?

Heute (3) .... wir (4) .... ausverkauft, aber für (5) .... Abend habe ich noch (6) ....

2. Euro   Euro   Ermäßigung   Karten   kosten

Was (1) .... die (2) .... ?

25 (3) .... oder 13 (4) .... mit (5) ....

3. Minuten   Kasse   wann   Karten   Vorstellung

Bis (1) .... muss ich die (2) .... abholen?

Sie müssen sie bis 30 (3) .... vor der (4) .... an der (5) .... abholen.

nach 9

8 Silbenrätsel – „Essen und Restaurant". Notieren Sie die Nomen mit Artikel und Plural.

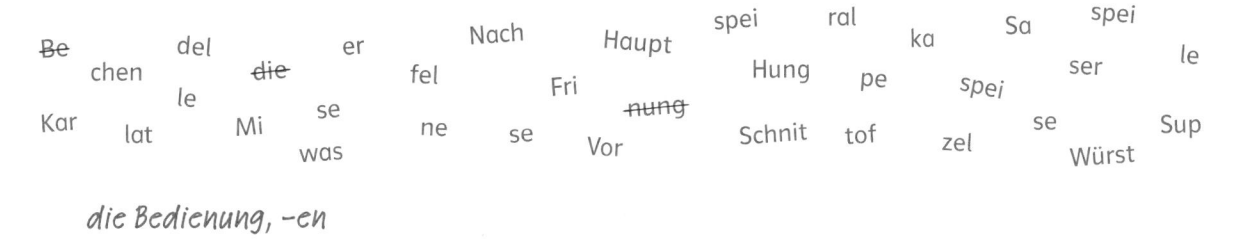

~~Be~~   del   ~~die~~   er   Nach   Haupt   spei   ral   ka   Sa   spei
chen   fel   Fri   Hung   pe   ser   le
Kar   le   Mi   se   ne   se   Vor   ~~nung~~   Schnit   tof   spei   zel   se   Sup
      lat   was   Würst

die Bedienung, -en

9 Welche Komposita mit diesen drei Wörtern kennen Sie? Notieren Sie.

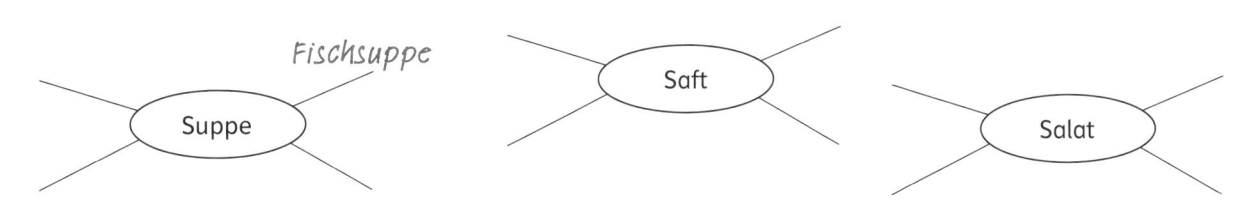

Fischsuppe

Suppe   Saft   Salat

10 Ergänzen Sie den Dialog

was   bringen   Möchten   bitte   Vorspeise   trinken   ~~darf~~   hätte

● Guten Tag, was (1) __darf__ .... es sein?

○ Ich (2) .... gerne ein Schnitzel mit Kartoffelsalat.

● (3) .... Sie eine (4) .... ?

○ Ja, (5) .... Sie mir bitte einen Tomatensalat.

● Und (6) .... möchten Sie (7) .... ?

○ Eine Berliner Weiße, (8) ....

Ihr Wortschatz

Nomen

die Ampel, -n	die Mehrwertsteuer, -n
die Ausstellung, -en	die Nachspeise, -n
der Baum, ¨e	die Nähe *(Sg.)*
die Brücke, -n	der Platz, ¨e
die Bühne, -n	das Publikum *(Sg.)*
die Eintrittskarte, -n	die Qualität, -en
das Erlebnis, -e	der Ratschlag, ¨e
die Ermäßigung, -en	die S-Bahn, -en
die Fahrt, -en	die Sahne, -n
das Gasthaus, ¨er	der Schalter, –
das Geheimnis, -e	der Spaziergang, ¨e
das Gericht, -e	die Stadtmitte, -n
(das) Glas *(Material) (Sg.)*	das Tor, -e
die Hauptspeise, -n	die Touristeninformation, -en
die Kneipe, -n	die Veranstaltung, -en
die Mauer, -n	die Vorspeise, -n

Verben

beraten	fließen
besichtigen	(sich) fühlen
bestellen	(sich) lohnen
entdecken	versprechen

Adjektive

echt	satt/hungrig
ein-/zwei-/dreitägig	scharf
erforderlich	traditionell/modern
frisch	umsonst
nah/fern, weit	vegetarisch

Andere Wörter

bis zum/zur	gegenüber
durch	vorne/hinten
dafür/dagegen	über/unter

6

11 Ergänzen Sie die Sätze mit Verben aus der „Ihr Wortschatz"

1. Ich habe gestern im Internet *entdeckt* ...., dass es in Berlin ein „Currywurstmuseum" gibt.
2. Mira arbeitet in der Touristeninformation. Sie .... die Gäste von 10–18 Uhr.
3. Entschuldigung, kann ich bitte bei Ihnen etwas zu trinken ....?
4. Habt ihr schon die Glaskuppel vom Reichstag ....?
5. Ihr müsst unbedingt auch Schloss Sanssouci ansehen. Das .... sich auf jeden Fall.
6. Wir wissen nicht, was wir bei diesem Regen tun sollen. Können Sie uns ....?

12 Welche Gerichte und Getränke kennen Sie auf Deutsch? Notieren Sie.

Gerichte — *der Nudelsalat*

Getränke — *die Cola*

13 Für Ihren Alltag – Schreiben Sie in Ihrer Sprache.

Was kann man am Abend machen?

Gehen Sie doch …

Wenn es regnet, kann man …

Gibt es noch Eintrittskarten für …?

Die U-Bahn-Station ist gleich gegenüber.

Was hätten Sie gerne?

Als Vorspeise/Hauptspeise möchte ich …

Möchten Sie auch etwas trinken?

Können Sie mir etwas empfehlen?

14 Ihre Wörter und Sätze – Schreiben Sie.

Ihre Sprache:

Deutsch:

15 Ihr Text – Ein Wochenende in Ihrer Stadt. Schreiben Sie einem Freund eine Nachricht mit fünf Tipps.

Hallo, …,
toll, dass du kommst! Hier ein paar Ideen für das Wochenende:
Wir können …
Wenn du Lust hast, …

7 Angekommen?

nach 2

1 Eine E-Mail von Andrea

a Ergänzen Sie.

Aufenthalt   befristet   ~~Cousine~~   Dorf   Ehe   Heimweh   Lehre   vermissen   weggehen

Andrea, Rons (1) _Cousine_, ist auf dem Land groß geworden. Als Kind hat ihr das Leben im (2) .... gut gefallen, aber später wollte sie (3) .... und fremde Länder kennenlernen. Nach der Schule hat sie eine (4) .... als Reisekauffrau und ein Praktikum in Costa Rica gemacht. Ihr (5) .... in Costa Rica war auf sechs Monate (6) ...., aber dann hat Sie ihren späteren Mann Joaquín kennengelernt und ist dort geblieben. Ihre (7) .... mit Joaquín dauert jetzt schon zehn Jahre. Andrea ist glücklich in Costa Rica. Aber manchmal hat sie auch (8) .... Sie (9) .... dann ihre Familie und ihre alte Heimat.

b Was passt zu Stadt? Was passt zu Land? Was passt zu beidem? Schreiben Sie die Wörter in eine Tabelle.

~~abends ausgehen~~   international   die Ruhe   reiten   der Stau   die U-Bahn   der Verkehr   die Ampel   der Bus   das Museum   laut   leise   die Schule   Tiere   der Wald   der Bahnhof   das Hotel   der Garten   der Markt   der Supermarkt   grün   das Theater   das Dorf   das Kaufhaus   einkaufen   das Pferd   der Baum   hier ist nichts los

Stadt	beides	Land
abends ausgehen		

c Warum leben Sie gerne in der Stadt oder auf dem Land? Schreiben Sie drei Sätze mit *weil*.

Ich lebe gerne in der Stadt, weil ich lieber mit der U-Bahn als mit dem Auto fahre.

nach 3

2 Früher und heute

a Modalverben im Präteritum. Ergänzen Sie die Endungen.

1.
- Was (1) woll_test_ du als Kind oft machen?
- Ich (2) woll.......... immer Fußball spielen. Und ihr? Was (3) woll.......... ihr machen?
- Ich habe gerne gelesen und Hamsa (4) woll.......... immer schwimmen gehen.

2.
- (1) Durf.......... du mit 15 abends ausgehen?
- Ich (2) durf.......... meine Freunde besuchen, aber wir (3) muss.......... um 9 Uhr zu Hause sein. Am Wochenende (4) konn.......... ich länger ausgehen. Und du? Was (5) konn.......... du mit 15 machen, was (6) durf.......... du nicht tun?

40   vierzig

b Schreiben Sie Sätze im Präteritum.

1. Ron / mehr über seine Cousine / wissen / wollen / .
   Ron wollte mehr über seine Cousine wissen.

2. Andrea / fremde Länder / kennenlernen / wollen / .
   ....

3. Nach ihrer Ausbildung / sie / ein Praktikum in Costa Rica / machen / können / .
   ....

4. Im Hotel in Costa Rica / Andrea / viele unterschiedliche Arbeiten / machen / müssen / .
   ....

5. Am Anfang / sie / nicht gut Spanisch / sprechen / können / .
   ....

6. Nach ein paar Jahren / sie / nicht mehr nach Deutschland / zurückgehen / wollen / .
   ....

c Präsens oder Präteritum? Ergänzen Sie die Modalverben.

1.
- Ich (1) _muss_ (müssen) heute unbedingt Mila anrufen.
- (2) .... (wollen) du das nicht schon gestern machen?
- Ja, aber da hatte ich zu viel zu tun und (3) .... (können) sie nicht anrufen.

2.
- Mila, warum warst du gestern nicht im Deutschkurs?
- Ich bin krank und (1) .... (müssen) gestern im Bett bleiben. Ich (2) .... (dürfen) auch nichts essen.
- Und wann (3) .... (können) du wieder zum Kurs kommen?
- Ich (4) .... (müssen) bis Freitag zu Hause bleiben.

3.
- (1) .... (können) du schon mit Mila sprechen?
- Ja, sie (2) .... (können) nicht zum Kurs kommen, weil sie krank ist.
- Oh, dann (3) .... (müssen) ich ihr sofort eine SMS schicken. Vielleicht (4) .... (können) wir sie besuchen?
- Gute Idee, aber dann (5) .... (müssen) wir ihr auf jeden Fall Blumen mitbringen.

einundvierzig 41

nach 5

3 Als ich ...

a Verbinden Sie die Sätze mit *als*. Schreiben Sie in ihr Heft.

1. Andrea war ein Kind. Sie hat auf dem Land gelebt.
2. Sie war älter. Sie hat von fremden Ländern geträumt.
3. Sie hat eine Lehre als Reisebürokauffrau gemacht. Sie hat Fremdsprachen gelernt.
4. Sie konnte in Costa Rica ein Praktikum machen. Sie war glücklich.
5. Sie hat im Hotel gearbeitet. Sie hatte viele Aufgaben.
6. Sie hat Joaquín kennengelernt. Sie war total verliebt.

1. Als Andrea ein Kind war, hat sie auf dem Land gelebt.

b Alice und Jorgos erzählen. – Was passt: *wenn* oder *als*? Markieren Sie.

1. Alice
(1) **Als**/Wenn ich ein Kind war, haben wir auf dem Land gelebt. Immer (2) als/wenn ich aus der Schule gekommen bin, konnte ich draußen spielen. Das war schön. Aber, (3) als/wenn ich 15 Jahre alt war, wollte ich lieber in der Stadt leben. Denn es war jedes Mal kompliziert, (4) als/wenn ich meine Freunde in der Stadt besuchen wollte.

2. Jorgos
Meine Eltern kommen aus Griechenland. (1) Als/Wenn ich ein Kind war, sind sie nach Deutschland umgezogen. Immer (2) als/wenn sie von Griechenland gesprochen haben, hatten sie ein bisschen Heimweh.
Und immer (3) als/wenn sie Urlaub hatten, sind wir nach Griechenland gefahren.
(4) Als/Wenn mein Vater 65 Jahre alt war, wollte er gerne nach Griechenland zurückgehen, aber meine Mutter wollte das nicht.
Ich habe ein Jahr in Griechenland gelebt, (5) als/wenn ich mit der Schule fertig war. Heute kenne ich beide Länder gut.

c Schreiben Sie Sätze mit *wenn* und *als*. Benutzen Sie die Vorgaben.

1. Als ich ein Kind war, *habe ich gerne Gummibärchen gegessen.*
(ich: gerne Gummibärchen essen)

2. Als ich zur Schule gekommen bin, ...
(ich: sehr glücklich sein)

3. Wenn das Wetter im Sommer gut war, ...
(meine Freunde und ich: an den Strand fahren)

4. Wenn wir Ferien hatten, ...
(mein Bruder und ich: unsere Großeltern besuchen)

5. Als ich 12 Jahre alt war, ...
(ich: jeden Tag Fußball spielen wollen)

6. Wenn ich Zeit hatte, ...
(ich: gerne meine Freunde treffen)

d Schreiben Sie über sich. Ergänzen Sie die Sätze aus 3c mit Ihren Informationen.

Als ich ein Kind war, ...

nach 6

4 Zeitangaben

a Schreiben Sie die Antworten zu den Fragen.

45 Minuten.   ~~Seit Januar.~~   Ungefähr ein halbes Jahr lang.   Von 8 bis 17 Uhr.   Um 12:30 Uhr.   Vor drei Monaten.

1. Seit wann lebst du hier? — *Seit Januar.*
2. Wie lange hast du eine Arbeit gesucht?
3. Wann hast du diese Stelle gefunden?
4. Von wann bis wann arbeitest du jeden Tag?
5. Um wie viel Uhr kannst du eine Mittagspause machen?
6. Wie lange brauchst du von der Arbeit bis nach Hause?

b Ergänzen Sie die Präpositionen.

ab   bis   im   ~~nach~~   seit   vor

Schon als Kind wollte ich Musiker werden. (1) *Nach* der Schule habe ich mich immer mit Freunden getroffen und wir haben zusammen Musik gemacht. (2) .... einem Jahr habe ich eine Musikgruppe gegründet. (3) .... jetzt haben wir schon zehn Konzerte gegeben. (4) .... nächster Woche wollen wir mit unserer Band durch Europa reisen. (5) .... Juli haben wir ein Konzert in Bologna. (6) .... drei Monaten unterrichte ich auch an einer Schule. Dort gebe ich Kindern Gitarrenunterricht.

5 Arbeitserfahrungen – Ergänzen Sie den Text.

Athula und Ron sind seit drei Jahren Nachbarn. Ab**er** Athula hat Ron erst v___ einem Ja___ kennengelernt. Neu_____ haben s___ über Athulas Arbeit gespr_____. Athula h___ eine Ausbi_____ zum Optiker gem_____, aber im Mom____ arbeitet er in ei____ anderen Be____. Er möc____ aber ge____ wieder ei___ Stelle a___ Optiker fin____. Denn d___ Arbeit ma____ ihm Sp___ und er h___ in sei____ Beruf vi____ Erfahrung. V___ 2008 b___ 2013 ha____ er au___ schon se___ eigenes Gesc_____. Athula h___ einen Integrat_____ besucht u___ spricht sc____ gut Deu_____. Ron wi___ Athula hel_____ und m___ ihm zu ei____ Beratungsstelle gehen. Ron hat aber er___ ab der nächsten Wo_____ Zeit.

dreiundvierzig **43**

Ihr Wortschatz

Nomen

der/die Angehörige, -n	der Integrationskurs, -e
der Aufenthalt, -e	das Interesse, -n
der Briefkasten, ¨-n	die Lehre, -n
der Cousin, -s	die Migration (Sg.)
die Cousine, -n	der Mut (Sg.)
die Ehe, -n	der Notarzt, ¨-e
die Gegenwart (Sg.)	die Note, -n
die Grenze, -n	die Operation, -en
der Handwerker, -	der Schnee (Sg.)
die Handwerkerin, -nen	die Seite, -n
das Heimweh (Sg.)	der Wald, ¨-er
die Illusion, -en	die Zukunft (Sg.)
die Industrie, -n	die Zulassung, -en

Verben

bestimmen	verlieren
erreichen	vermissen
klappen	weggehen
lügen	weinen
teilen	winken

Adjektive

befristet	reich/arm
bitter	schwanger
europäisch	traurig
frei	unbekannt
fröhlich	unglaublich

Andere Wörter

als	irgendwann
doch	meistens
damals	mindestens
inzwischen	niemand

6 Welches Nomen aus „Ihr Wortschatz" passt in die Reihe?

1. der Wunsch   der Traum   *die Illusion*
2. die Cousine   die Verwandte   ....
3. die Vergangenheit die Gegenwart   ....

7 Ergänzen Sie die Sätze mit Wörtern aus „Ihr Wortschatz".

Als Lucy 22 Jahre alt war, wollte sie nach Kanada auswandern. Nach ihrem Studium hat es dann endlich (1) *geklappt*. Lucy hat eine Stelle in Montreal gefunden und ist aus Deutschland (2) .... Als sie nach Kanada geflogen ist, sind ihre Freunde zum Flughafen gekommen und haben (3) .... Ihre Mutter war sehr traurig und hat (4) .... Lucy lebt heute sehr gerne in Kanada, aber manchmal hat sie (5) .... Sie (6) .... dann vor allem ihre Familie und ihre Freunde.

8 Wie heißt das Gegenteil? Ergänzen Sie ein Wort aus „Ihr Wortschatz".

1. heute   *damals*   4. lachen   ....
2. traurig   ....   5. kommen   ....
3. bekannt   ....   6. selten   ....

9 Für Ihren Alltag – Schreiben Sie in Ihrer Sprache.

Auf dem Land …

In der Stadt …

Als ich 19 Jahre alt war, …

Ich habe eine Ausbildung zum Optiker gemacht.

Ich habe studiert.

Ich habe als Taxifahrer gearbeitet.

Ich habe drei Jahre Erfahrung in meinem Beruf.

10 Ihre Wörter und Sätze – Schreiben Sie.

Ihre Sprache: Deutsch:

11 Ihr Text – Früher und heute.

Früher wollte ich immer lange Reisen machen. Heute habe ich eine Familie. Wir haben drei Kinder. Wir …

8 Der Betriebsausflug

nach 2

1 Ich habe einen Vorschlag

a Ideen für Ausflüge. Ordnen Sie zu.

eine Wanderung machen   ~~zum Bowling gehen~~   eine Fabrik besichtigen

ein Schloss ansehen   an einen See fahren

1. _zum Bowling gehen_   2. ....   3. ....   4. ....   5. ....

b Schreiben Sie die Vorschläge.

1. schlage vor / Ich / , // dass / an einen See / fahren / wir / .
   Ich schlage vor, dass wir an einen See fahren.

2. gerne / eine Bootsfahrt / machen / möchte / Ich / .
   ....

3. gehen / wir / Warum / nicht / zum Bowling / ?
   ....

4. uns / eine Fabrik / besichtigen / Lasst / doch mal / !
   ....

5. habe / Ich / eine tolle Idee / : // ein Schloss / können doch/ besichtigen / Wir / .
   ....

6. schlage vor / Ich / , // dass / machen / eine Wanderung / wir / .
   ....

2 Der Betriebsausflug im letzten Jahr ...

a Wiederholung: Modalverben im Präteritum – Ergänzen Sie.

● (1) _Wolltest_ (wollen) du nicht letztes Jahr den Betriebsausflug planen?

○ Ja, aber dann (2) .... (müssen) ich so viel arbeiten. Zum Glück

   (3) .... (können) Beate und Hajo das dann machen.

● Ach ja, stimmt. Und Tim (4) .... (wollen) auch helfen, oder?

○ Ja, aber er (5) .... (dürfen) dann bei dem neuen Projekt mitmachen und hatte keine

   Zeit. Zum Schluss (6) .... (müssen) Beate und Hajo alles allein planen. Aber sie

   (7) .... (dürfen) das in ihrer Arbeitszeit machen.

● In der Arbeitszeit? Dann mache ich dieses Jahr auch mit!

b Präteritum – regelmäßige und unregelmäßige Formen. Ergänzen Sie die Tabelle.

	regelmäßig	unregelmäßig			
	fragen	denken	wissen	geben	kommen
ich	....	....	wusste	gab	....
er, es, sie	fragte	dachte	....	....	kam
wir	fragten	....	wussten	gaben	....
sie, Sie	....	dachten	....	....	kamen

c Der Betriebsausflug. Ergänzen Sie die Verben im Präteritum.

Die Vorbereitungsgruppe (1) ...dachte... (denken), dass ein Treffen um 10 Uhr gut ist. Alle (2) .... (kommen) pünktlich zum Treffpunkt. Im Bus (3) .... (geben) es Kaffee. Dann (4) .... (können) man ein Schloss besichtigen. Viele (5) .... (wissen) nicht, dass dieses Schloss schon so alt ist. Die Gruppe (6) .... (dürfen) überall Fotos machen. Das Schlossrestaurant (7) .... (sein) sehr schön. Die Kellnerin (8) .... (kommen) sofort. Wir (9) .... (warten) nur zehn Minuten auf das Essen. Am Ende (10) .... (danken) alle der Vorbereitungsgruppe für die tolle Organisation.

nach 4

3 Diese Idee ist gut!

a Ergänzen Sie.

machen   anstrengend   schon   ~~vorschlagen~~
gut   Spaß   Vorschlag   Wetter
stimmt   finden   gehen   gefallen

● Ich (1) ...schlage vor..., dass wir wandern gehen.

○ Diese Idee gefällt mir nicht so (2) .... Das haben wir doch (3) .... letztes Jahr gemacht. Ich (4) .... Bewegung ja immer schön. Warum (5) .... wir nicht zum Bowling?

● Stimmt, Bowling ist ein guter (6) ....! Das macht sicher allen (7) .... Aber es ist schade, dass wir bei dem schönen (8) .... nicht draußen sind!

○ (9) ....! Dann (10) .... wir doch die Draisinen-Tour!

● Ja, die Idee (11) .... mir auch. Und das ist auch nicht so (12) .... wie drei Stunden lang wandern!

b *dieser, dieses, diese* ... – Ergänzen Sie die Endungen.

1. Dies _es_ Jahr sind wir zum Bowling gegangen.
2. Ein Kollege hat dies_____ Ausflug organisiert.
3. Dies_____ Kollege geht einmal pro Woche zum Bowling.
4. Wir mussten für dies_____ Ausflug nicht viel bezahlen.
5. Es gab genug Platz für uns alle in dies_____ Bowlinghalle.
6. Mit dies_____ Kolleginnen und Kollegen habe ich gespielt.
7. Dies_____ Ausflug vergesse ich nie!

nach 5

4 Wie ist das Wetter?

a Was passt zusammen? Ordnen Sie zu.

1. Die Sonne scheint. .... a) Es gibt ein Gewitter.
2. Es ist heiß. .... b) Es regnet oder schneit nicht.
3. Heute gibt es viel Regen. .... c) Es hat minus 15 Grad.
4. Es blitzt und donnert. .... d) Es ist sehr neblig.
5. Es ist trocken. .... e) Heute regnet es stark.
6. Es ist sehr kalt. .... f) Es hat 35 Grad.
7. Man sieht fast nichts. _1_ g) Es ist sonnig.

b Ergänzen Sie.

Dialog 1

scheinen   Grad   warm   Regen   regnen   ~~Mistwetter~~

● Mann, ist das heute wieder nass und kalt! So ein (1) _Mistwetter_ _____!
○ Ja, ich kann den (2) _____ auch nicht mehr sehen.
● Stimmt, jetzt (3) _____ es schon seit drei Tagen!
○ Aber morgen wird es endlich wieder besser, da (4) _____ wieder die Sonne!
● Hoffentlich wird es dann auch wieder (5) _____!
○ Ja, ich glaube, wir bekommen zwanzig (6) _____!

Dialog 2

Schnee   Grad   kalt   Sonne   warm

● Oh, es ist wieder so heiß! Warum muss hier dauernd die (1) _____ scheinen?
○ Ja, ich finde es auch viel zu (2) _____!
● Genau! Heute haben wir schon wieder 39 (3) _____.
○ Ich freue mich so auf den Winter. Hoffentlich bekommen wir viel (4) _____!
● Ja, und hoffentlich wird es auch schön (5) _____!

nach 6

5 Nebensätze

a Wiederholung – Was passt? Markieren Sie.

Ich bin nach Deutschland gekommen, (1) dass/weil mir die Sprache gefällt. Meine Freundin hat gesagt: (2) „Wenn/Dass du gut Deutsch lernen willst, musst du einen Kurs machen." (3) Als/Weil ich in Deutschland war, habe ich also gleich mit einem Deutschkurs angefangen. Die Sprachschule gefällt mir sehr gut, (4) dass/weil alle dort sehr nett sind. Und wir hatten sehr viel Spaß, (5) als/wenn wir im Sommer einmal einen Ausflug gemacht haben. Wir sind gewandert, (6) dass/weil alle Bewegung gut finden. Jetzt hoffe ich, (7) dass/wenn ich hier Arbeit finde. (8) Als/Wenn ich hier Arbeit habe, kann ich hier bleiben.

b Mein Tag. Schreiben Sie die Sätze mit *bevor* und markieren Sie die Verben wie im Beispiel.

1. Kaffee kochen / duschen
2. frühstücken / die Nachrichten hören
3. zur Arbeit gehen / meinen Sohn in die Schule bringen
4. Mittagspause haben / viele E-Mails schreiben
5. Feierabend haben / mit Kollegen Termine planen
6. meinen Sohn abholen / einkaufen
7. mit meinem Sohn spielen / eine Suppe kochen
8. meinen Sohn ins Bett bringen / zusammen mit meinem Sohn essen
9. schlafen gehen / fernsehen

1. Bevor ich Kaffee (koche), (dusche) ich.
Ich (dusche), bevor ich Kaffee (koche).

nach 7

6 Das war ein Tag!

Ergänzen Sie den Text.

Hallo Jasmina,
vie*le* Grü___ aus Berlin! Mir ge___ es g___ und der Deutschk_____ macht m___ viel Sp___. Let____ Woc___ haben wir ei____ Ausf_____ gemacht. Wir hab___ dies___ Ausflug gemein_____ im Kurs gep_____ und organ_____. Wir haben ei__ Bootsf_____ auf der Spree gem_____. Alles hat gut gekla____. Das We_____ war ide___: Es war son____, aber nicht zu he___. Und auf dem Bo___ gab es gekühlte Getr_____. Die ha____ sehr gut geschm_____!
Der T___ war vi___ zu schnell vor____!
Wa___ bes_____ du mich hi___ in Berlin? Ich möc____ dir gerne die St____ zei____!
Bis ba___, Boris

Ihr Wortschatz

Nomen

die Aushilfe, -n	der Ober, –
die Autobahn, -en	die Organisation *(Sg.)*
die Band, -s	das Picknick, -s
die Bewegung, -en	die Planung, -en
der Fotoapparat, -e	das Programm, -e
die Geburt, -en	die Rede, -n
der Gedanke, -n	der Regen *(Sg.)*
das Gewitter, –	das Schloss, ¨er
das Grad, -e (Celsius)	der Senior, -en
die Hitze *(Sg.)*	die Seniorin, -nen
die Kälte *(Sg.)*	die Temperatur, -en
die Kritik, -en	die Überraschung, -en
die Landung, -en	der Wagen, –
die Mühe, -n	der Wetterbericht, -e
die Natur *(Sg.)*	der Wind, -e
der Nebel, –	die Wolke, -n

Verben

auffallen	donnern (es donnert)
auspacken	losfahren
ausruhen	regnen (es regnet)
besprechen	schneien (es schneit)
blitzen (es blitzt)	vorschlagen

Adjektive

bewölkt/sonnig	neblig
durstig	offiziell/privat
gemeinsam/allein	salzig/süß
heiß/kalt	schriftlich/mündlich
herrlich/schrecklich	voll/leer
nass/trocken	windig

Andere Wörter

außerdem	dorthin
bevor	minus/plus

7 Ordnen Sie Wörter aus „Ihr Wortschatz" zu. Ergänzen Sie weitere Wörter.

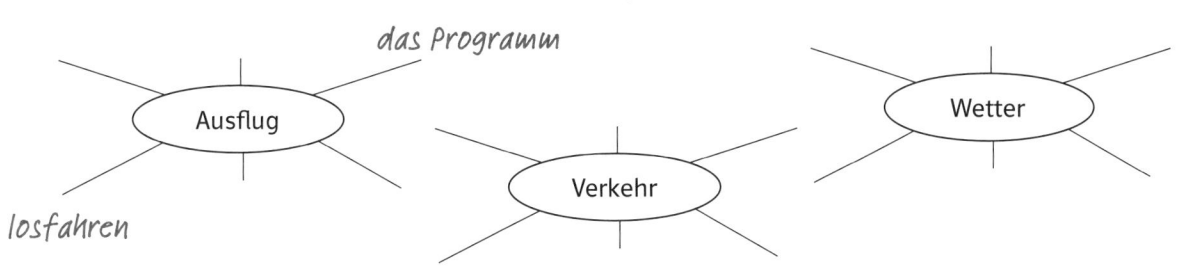

das Programm

Ausflug   Verkehr   Wetter

losfahren

8 Ergänzen Sie Wörter aus „Ihr Wortschatz".

● Morgen machen wir endlich unseren Ausflug an den See! Ich finde das (1) .... dieses Jahr super: Wir sind in der (2) .... und können draußen essen. Ich finde die Idee mit dem (3) .... toll!

○ Ja, das gefällt mir auch gut. Wir haben genug (4) ...., weil wir Boot fahren oder schwimmen können! Wie ist denn der (5) .... für morgen? Scheint die Sonne?

● Am Tag ist das Wetter super, es gibt (6) .... bis zu 25 Grad. Nur am Abend gibt es vielleicht ein (7) ....

○ Ach, bevor es dann so blitzt und (8) ...., sind wir sicher schon wieder zu Hause!

9 Für Ihren Alltag – Schreiben Sie in Ihrer Sprache.

Ich schlage vor, dass wir …

Lasst uns doch …

Ich habe eine tolle Idee: …

Warum machen wir nicht …?

Wir können doch …

Ich finde diesen Vorschlag nicht so gut, weil …

Diese Idee gefällt mir gut, weil …

So ein Mistwetter!

Tolles Wetter heute, oder?

Bevor ich losfahre, trinke ich einen Kaffee.

10 Ihre Wörter und Sätze – Schreiben Sie.

Ihre Sprache: Deutsch:

11 Ihr Text – Schreiben Sie über einen tollen oder schrecklichen Ausflug.

Am Wochenende haben wir ein Schloss besichtigt. Es war sehr voll und …

9 Anna mag Mathe.

nach 1

1 Sonntagmorgen

a Ergänzen Sie die Wörter wie im Beispiel.

1. ....
2. ....
3. *der Orangensaft*
4. ....
5. ....
6. ....
7. ....
8. ....
9. ....

b Welche Wörter auf dem Foto kennen Sie noch? Notieren Sie so viele Wörter wie möglich.

das Knäckebrot, die Tischdecke …

nach 2

2 Verben mit Reflexivpronomen

a Ergänzen Sie die Reflexivpronomen.

1. Mein Bus fährt in fünf Minuten, ich muss *mich* beeilen.
2. Wenn mein Sohn nicht mit seinem Handy spielen kann, dann langweilt er .... sofort.
3. Weil du zu viel vor dem Computer sitzt, kannst du .... schlecht konzentrieren.
4. Du musst mal die App zu „Linie 1" ausprobieren. Das lohnt ....!
5. Wir freuen ...., dass unser Sohn gerne in die Schule geht.
6. Er fühlt .... sehr wohl und hat schon Kontakt mit anderen Kindern.
7. Letzte Woche hat er .... gefreut, weil er eine zwei in Deutsch bekommen hat.
8. Setzt .... bitte alle, damit wir mit dem Unterricht anfangen können.

b Ergänzen Sie die Sätze.

| sich beeilen | sich konzentrieren | sich ärgern | ~~sich fühlen~~ | sich setzen | sich freuen |

1. Unsere Tochter *fühlt sich* im Fußballverein wohl, weil sie da Freunde hat.
2. Ihr müsst .... nicht ...., nur weil ihr mal eine schlechte Note habt.
3. Macht bitte die Musik leiser, wir lernen und müssen ....
4. Wenn du .... nicht ...., dann kommst du zu spät zum Unterricht.
5. .... Sie .... bitte dorthin, Frau Malik. Ich ...., dass Sie gekommen sind.

nach 3

3 In der Schule

Ordnen Sie die Wörter den Erklärungen zu.

die Erzieherin   die Schulferien   die Mittagsbetreuung   das Abitur
~~der Schulschluss~~   die Hausaufgabenbetreuung   die Grundschule   der Spielplatz

1. Die Schule ist zu Ende. ....(der) Schulschluss............
2. Dorthin gehen Kinder, wenn die Eltern nachmittags noch arbeiten. ....
3. Hier hilft man den Kindern bei den Hausaufgaben. ....
4. So heißt die Schule von der ersten bis zur vierten oder sechsten Klasse. ....
5. So heißt der Schulabschluss nach Klasse 12 oder 13. ....
6. Eine Frau, die Kinderbetreuung als Beruf hat. ....
7. Hier können Kinder in der Stadt draußen spielen. ....
8. Die Zeit ohne Schulunterricht. ....

nach 4

4 Dienstagmorgen in der 8b – Ergänzen Sie den Text.

Entschuldigung, ich habe den Bus verpasst.

Es ist Dienstagmorgen, zehn nach acht. Herr Klinke kommt zu sp__ä_t__, denn er h___ den Bus verp_____. Die Schüler si___ alle da. Es i___ ganz leise. S___ ärgern sich ni____ über die Unpünkt_____ von Herrn Klinke. Sie haben si___ über die freie Stu_____ gefreut u___ jetzt ist He___ Klinke da und sie s____ ein bisschen tra_____. Herr Klinke se____ sich und sch____ die Klasse an. Die Kla____ schaut Herrn Klinke an. Sie war____ auf den Unter_____. Dennis interessiert si___ für Mathematik. Jonas langweilt si___. Er intere_____ sich f___ sein Handy, ab___ das hat i___ Herr Klinke ges_____ weggenommen. Katja unte_____ sich heute ni____ mit Saida, we___ Saida nicht da i___. Sie erz_____ Hasret von ih____ Wochenende. Cem denkt a__ den Computer, den er ger____ baut. Herr Klinke konze_____ sich a___ seine Stunde. Da___ sagt er: „Hasret und Katja, könnt i___ uns d___ binomischen Formeln erkl_____?" Hasret disku_____ kurz m___ Katja über die Fra___. Dann kom____ die beiden an d___ Tafel und erkl_____ die Formeln. Herr Klinke lächelt.

5 Verben mit Präpositionen

a Ergänzen Sie die Präpositionen.

an   ~~mit~~   auf   über   auf   über   für   von   mit

1. sich treffen ......*mit*...... + D.
2. sich ärgern .... + A.
3. sich freuen .... + A.
4. sich interessieren .... + A.
5. denken .... + A.
6. diskutieren .... + D. .... + A.
7. erzählen .... + D.
8. warten .... + A.

dreiundfünfzig   53

b **Wählen Sie für jeden Satz ein Verb aus 5a. Schreiben Sie die Sätze.**

1. Morgen / ich / meinem Onkel

    Morgen treffe ich mich mit meinem Onkel.

2. Die Kinder / die Ferien

    ....

3. Hasret / ihre schlechten Ergebnisse im Test

    ....

4. Wir / Sport und Kino

    ....

5. Die Leute / den Sommer

    ....

6. Ich / meinen Freunden / das Problem

    ....

7. Er / seine Reise

    ....

8. Du / deine neue Freundin

    ....

nach 6

6 Schulfächer

a **Schreiben Sie die Schulfächer.**

Stundenplan – Klasse 8b				
Stunde	Montag	Dienstag	Mittwoch	Donnerstag
1.	Geschichte			
2.				
3.				

b **Ordnen Sie zu.**

1. Hattest du in der Schule Französisch?
2. Interessierst du dich für Geschichte?
3. Magst du Musik?
4. Magst du Sport?
5. Was war dein Lieblingsfach?
6. Wie findest du Kunst?
7. Wie viele Stunden Schule hattet ihr pro Woche?
8. Seit wann hat dein Sohn Chemie?

a) Mathematik.
b) Ja, ich bin gerne aktiv und bewege mich gerne.
c) Nein, ich hatte in der Schule nur Englisch.
d) Ich weiß nicht mehr so genau. Vielleicht 30.
e) Besonders für alte Geschichte, Griechen und Römer.
f) Seit einem Jahr.
g) Ich sehe mir heute gerne Bilder an. In der Schule hat mir das Fach nicht gefallen.
h) Ja, sehr. Ich spiele Gitarre und ich singe gerne.

nach 7

7 Schulwortschatz – Ergänzen Sie die Sätze.

Klassenfahrt   Kinderhort   Elternsprecher   Einladung   Grundschule
Nachhilfe   Gesamtschule   Elternabend   ~~Stundenplan~~   Tagesordnung

1. Auf dem _Stundenplan_ steht, wann die Schüler welches Fach haben.
2. Die gemeinsame Besprechung von den Eltern mit den Lehrern nennt man ....
3. Alle Eltern bekommen eine .... mit dem Datum, der Uhrzeit, dem Ort und den Themen von der Besprechung mit den Lehrern und Lehrerinnen.
4. Die Eltern von jeder Schulklasse müssen die .... wählen.
5. Für die Besprechung zwischen Eltern und Lehrer gibt es eine Liste mit den Themen. Das ist die ....
6. Eine Schulklasse fährt zusammen weg. Das heißt ....
7. In der .... beginnt das Schulleben von allen Kindern.
8. In der .... lernen alle Kinder in einer Schule.
9. Wenn die Eltern arbeiten, können die Kinder nachmittags im .... lernen und spielen.
10. Wenn man schlecht in einem Schulfach ist, dann kann man .... nehmen. Das kostet aber Geld.

nach 8

8 Rund um die Schule

a Das bedeuten die Schulnoten. Ordnen Sie zu.

1
2
3
4
5
6

a) Das bedeutet „ungenügend". Man hat große Probleme und muss viel lernen. Mit dieser Note schafft man die Prüfung nicht. Man braucht sehr viel Hilfe.
b) Das bedeutet „mangelhaft". Mit dieser Note schafft man die Prüfung nicht. Man muss einiges tun. Wer kann helfen?
c) Das bedeutet „sehr gut". Man ist richtig super und kann mal einen Tag freinehmen.
d) Das bedeutet „gut". Alles ist okay.
e) Das bedeutet „befriedigend". Das ist ganz okay, aber man kann noch besser werden.
f) Das bedeutet „ausreichend". Gerade noch geschafft, aber man muss mehr lernen.

b Ergänzen Sie die Wörter.

Ganztagsschulen   Schulpflicht   Abitur   staatlichen   ~~Bundesländer~~   privaten

1. In Deutschland sind die _Bundesländer_ für die Schulen zuständig.
2. In Deutschland muss man in die Schule gehen. Es gibt die ....
3. Wenn man studieren will, braucht man meistens das ....
4. Die .... Schulen sind kostenlos. Die .... kosten Geld.
5. Früher hatte man nur vormittags Schule, heute gibt es immer mehr ....

Ihr Wortschatz

Nomen

der Abschluss, ¨-e	der Hort, -e
die Behörde, -n	die Klassenfahrt, -en
die Betreuung, -en	Kunst (Sg.)
Biologie (Sg.)	der Lärm (Sg.)
das Bundesland, ¨-er	das Lieblingsfach, ¨-er
Chemie (Sg.)	Mathematik (Mathe) (Sg.)
der Elternsprecher, –	die Mitte (Sg.)
die Elternsprecherin, -nen	Physik (Sg.)
der Elternabend, -e	die Regel, -n
das Fach, ¨-er	die Reihe, -n
die Ganztagsschule, -n	die Schulferien (Pl.)
Geografie (Sg.)	die Schulzeit, -en
die Gesamtschule, -n	der Spielplatz, ¨-e
Geschichte (Sg.)	der Stundenplan, ¨-e
die Grundschule, -n	die Versichertenkarte, -n

Verben

anschauen	(sich) konzentrieren (auf + A.)
ausschalten	lächeln
(sich) ärgern (über + A.)	(sich) langweilen
sich beeilen	präsentieren
erzählen (von + D.)	(sich) setzen
(sich) freuen (über + A.)	(sich) unterhalten (über + A. / mit + D.)
(sich) informieren (über + A.)	verwenden
(sich) interessieren (für + A.)	warten (auf + A.)

Adjektive

ähnlich	mangelhaft
ausreichend	rund
befriedigend	staatlich
einzeln	still
intelligent	ungenügend

Andere Wörter

rechtzeitig	wahrscheinlich

9 Welche Verben passen zu den Bildern?

a Schreiben Sie.

1. sich konzentrieren (auf)
2. ....
3. ....
4. ....

b Ergänzen Sie die Sätze mit Verben aus 9a.

1. Der Bus!! Ich muss ....! Mist!!! Bus verpasst.
2. Wann kommt er endlich? Ich .... schon 20 Minuten .... den Bus.
3. Bitte mach die Musik leise, ich muss .... meine Arbeit ....

10 Welches Wort aus „Ihr Wortschatz" bedeutet (ungefähr) das Gegenteil?

1. zu zweit/dritt ....
2. unterschiedlich ....
3. zu spät / unpünktlich ....
4. unwahrscheinlich ....
5. privat ....
6. sehr gut ....

11 Für Ihren Alltag – Schreiben Sie in Ihrer Sprache.

Wo bist du / sind Sie zur Schule gegangen?
Was waren deine/Ihre Lieblingsfächer?
Mathematik habe ich gerne gemacht.
Ich hatte gute Noten in Musik.
Welche Fremdsprachen hast du gelernt?
Welchen Schulabschluss hast du / haben Sie?
Ich ärgere/freue mich über …
Ich langweile mich.
Du musst dich beeilen.

12 Ihre Wörter und Sätze – Schreiben Sie.

Ihre Sprache:

Deutsch:

13 Ihr Text – Meine Lieblingslehrer/innen.

In der Grundschule war Frau Buhl meine Lieblingslehrerin. Sie war sehr …

10 Zusammen geht es besser!

nach 2

1 Probleme in der Wohngemeinschaft – Ergänzen Sie.

einkaufen   Entschuldige   finde   klar   ~~laut~~
leer   leiser   offen   stört   leid

1.
● Deine Musik ist so (1) _laut_. Das (2) .... mich. Kannst du sie bitte (3) .... machen?
○ Na (4) .... Das mache ich.

2.
● Schon wieder ist der Kühlschrank (1) ....! Kannst du heute mal (2) .... gehen?
○ Tut mir (3) .... Ich habe heute auch keine Zeit.

3.
● Die Heizung ist an und das Fenster ist (1) .... Das (2) .... ich nicht gut!
○ (3) .... bitte. Ich schließe das Fenster gleich.

nach 3

2 Eleni ist müde, deshalb …

a Schreiben Sie die Sätze mit *deshalb*.

1. Eleni ist müde. Sie geht früh ins Bett.
   Eleni ist müde, deshalb geht sie früh ins Bett.

2. Fabian hat einen wichtigen Termin. Er ist nervös.
   ....

3. Dana mag Katzen. Sie gibt Minka immer Schinken.
   ....

4. Danas Arbeit ist ziemlich anstrengend. Sie ist oft müde.
   ....

5. Fabian lernt für eine schwierige Prüfung. Er hat keine Zeit.
   ....

b Wiederholung – Schreiben Sie Fragen mit *warum* und Antworten mit *weil* zu den Sätzen in 2a.

   1. Warum geht Eleni früh ins Bett? – Eleni geht früh ins Bett, weil sie müde ist.

c Schreiben Sie je einen Satz mit *deshalb*, *weil* und *denn* über sich.

   1. Ich lerne viel, denn ich schreibe bald einen Test.

d Ergänzen Sie – denn, weil oder deshalb.

(1) _Weil_ Fabian Geburtstag hat, organisieren seine Mitbewohnerinnen am Samstag eine Party für ihn. Dana kann gut backen, (2) .... bäckt sie die Geburtstagstorte. Eleni ist zum Supermarkt gefahren, (3) .... sie will die Getränke kaufen. Fabian darf nichts wissen, (4) .... die Party soll eine Überraschung für ihn sein. Fabians bester Freund kann leider nicht kommen, (5) .... er am Wochenende nicht in München ist. (6) .... er vergessen hat, dass die Party eine Überraschung sein soll, schreibt er Fabian eine E-Mail und entschuldigt sich. Fabian weiß jetzt, dass Eleni und Dana eine Party für ihn organisieren. Aber er findet die Idee super, (7) .... sagt er nichts.

nach 4

3 Könntest du mir bitte helfen?

a Ergänzen Sie *können* im Konjunktiv II.

1. _Könntest_ du mir bitte helfen? Ich habe ein Problem mit dem Computer.
2. Raquel, ... du bitte Frau Reimers anrufen? Ich habe noch so viel Arbeit.
3. Frau Dumitru, ... Sie bitte mal zu mir kommen?
4. Ralf und Ben, ... ihr bitte das Paket für mich abholen?

b Ergänzen Sie *werden* im Konjunktiv II.

1. Eleni, _würdest_ du heute bitte die Rechnung von der Firma ImpEx bezahlen?
2. .... ihr bitte ein bisschen leiser sprechen? Es ist so laut, ich kann mich nicht konzentrieren.
3. .... Sie bitte mitkommen, Herr Breuer, dann zeige ich Ihnen unsere Abteilung.

c Schreiben Sie höfliche Bitten wie im Beispiel.

1. Sie / mich / morgen / bitte / anrufen / ?
   Würden Sie mich morgen bitte anrufen?
   Könnten Sie mich morgen bitte anrufen?

2. ihr / die Blumen gießen / bitte / ?
   ....
   ....

3. du / bitte / die E-Mail von Frau Sommer / beantworten / ?
   ....
   ....

4. Sie / den Betriebsausflug / organisieren / bitte / ?
   ....
   ....

d Ergänzen Sie die Dialoge.

gerne   leid   natürlich   Problem   ~~Könntest~~   Könntet   Würden   Würdest   Termin

1. ● Ich bin im Juni zwei Wochen im Urlaub. _Könntest_ du in der Zeit meine Post aus dem Briefkasten holen, bitte?   ○ Ja _natürlich_, das mache ich gerne.

2. ● _Würden_ Sie bitte so nett sein und das Fenster schließen? Mir ist etwas kalt.
   ○ Klar, kein _Problem_.

3. ● _Könntet_ ihr mir bitte den Weg zum Bahnhof erklären?
   ○ Tut uns _leid_, wir sind auch nicht von hier.

4. ● _Würdest_ du morgen für mich den Kunden in Pasing besuchen?
   ○ Nächste Woche _gerne_, aber morgen habe ich schon einen _Termin_.

nach 5

4 Ein Gespräch mit dem Chef

a Schreiben Sie die Fragen und Sätze. Achten Sie auf die richtige Zeitform.

1. Sie / einen Moment / Zeit / haben / ?
   ● _Haben Sie einen Moment Zeit?_
   ○ Ja, natürlich.

2. ich / etwas / besprechen / mit Ihnen / möchten / .
   ● ……………………………………………………………………………………………………
   ○ Einen Moment, ich komme sofort.

3. ein Kunde / sich beschweren / .
   ● ……………………………………………………………………………………………………
   ○ Ein Kunde hat sich beschwert? Warum?

4. Sie / kommen / zu spät / .
   ● ……………………………………………………………………………………………………
   ○ Oh, das war sicher am Mittwoch, als meine Tochter krank war. Das tut mir leid.

5. verstehen / das / ich / . // Aber / bitte / Bescheid sagen / Sie / mir / .
   ● ……………………………………………………………………………………………………
   ○ In Ordnung. Nächstes Mal sage ich Ihnen gleich Bescheid.

b Wiederholung: Verben mit Präpositionen – Ergänzen Sie die Präpositionen.

an   für   auf   über   ~~über~~   von

1. Der Chef ärgert sich _über_ seine Angestellte.
2. Die Mitarbeiterin entschuldigt sich …………………… ihre Verspätung.
3. Herr Meyer und sein Kollege diskutieren …………………… ihre Aufgaben.
4. Frau Canale wartet …………………… einen Anruf.
5. Die Kollegen erzählen …………………… ihrem Projekt.
6. Die Sekretärin muss …………………… die Hotelreservierung für ihren Chef denken.

10

nach 7

5 Beziehungen und Freundschaften

a Ergänzen Sie die Nachrichten.

1. Hallo, Carolin, schade, dass du ni____ auf uns_____ WG-Fest wa____. Ist de____ Erkältung vor____? Geht es d__ wieder g___? Ich möc____ Samstag i__ Kino ge____. Hast du Ze__ und Lu___? Fabian ko____ auch m___. Ruf mi__ an. Hoffentlich bis Freitag, Dana

2. Liebe Lena, leider kann i___ heute Ab____ nicht m__ zu Michael kommen. I__ habe um 18 U__ noch ei__ wichtige Bespr_____ bei d__ Arbeit. T__ mir le__. Wollen w___ am Son_____ zusammen ei____ Ausflug mac____? Ich ha__ euch la____ nicht ges_____! Alles Liebe, Ines

b Wiederholung – Was finden die Personen bei Freundschaften wichtig? Ergänzen Sie die Sätze.

1. Marcel: Man kann mit einem guten Freund über alles reden.

2. Herbert: In einer guten Freundschaft streitet man auch manchmal.

3. Katarina: Geduld ist in Freundschaften sehr wichtig.

4. Sabine: Freunde helfen auch bei Problemen.

5. Yasmina: Mit Freundinnen kann man viel unternehmen.

6. Yusuf: Mit Freunden kann man viel lachen.

1. Marcel findet wichtig, dass *man mit einem guten Freund über alles reden kann.*

2. Herbert sagt, dass _____

3. Katarina denkt, dass _____

4. Für Sabine ist es wichtig, dass _____

5. Yasmina findet es nett, wenn _____

6. Yusuf findet es nett, wenn _____

Ihr Wortschatz

Nomen

der Ärger, –
der Bewohner, –
die Bewohnerin, -nen
die Beziehung, -en
der Enkel, –
die Enkelin, -nen
die Folge, -n
die Freundschaft, -en
das Futter *(Sg.)*
die Geduld *(Sg.)*
die Generation, -en
die Höflichkeit *(Sg.)*

der Kontinent, -e
die Krankschreibung, -en
der Lieblingsplatz, ¨e
das Päckchen, –
das Paket, -e
das Pfund, -e
der Schinken, –
der Wecker, –
die Wohngemeinschaft, -en
der Zahnarzt, ¨e
die Zahnärztin, -nen
die Zahnschmerzen, –

Verben

annehmen
(sich) beeilen
(sich) beschweren (über + A.)
erledigen
leidtun
nehmen

springen
stören
streiten
unternehmen
(sich) verstehen (mit + D.)
vorkommen
zurückrufen

Adjektive

böse
kurz/lang
einfach/schwer
schwierig/leicht

sympathisch
warm/kalt
weich/hart
wütend

Andere Wörter

deshalb
einverstanden
etwas

selbstverständlich
umgekehrt
zu/offen (zu sein / offen sein)

6 Ergänzen Sie die E-Mail mit Wörtern aus „Ihr Wortschatz".

Lieber Heiner,

vielen Dank für (1) __das Päckchen__! Ich habe es gestern von der Post abgeholt.

Wir haben gerade Besuch von meinem Vater. Unser Sohn Eric und sein Großvater verstehen sich sehr gut. Mein Vater liebt seinen (2) _____, er liest ihm vor und spielt viel mit ihm. Und (3) _____ hat Eric auch viel Spaß mit seinem Großvater. Sie haben eine sehr gute (4) _____. Unsere Katze mag Opa auch gerne, denn er steht morgens immer auf, bevor der (5) _____ klingelt und gibt ihr (6) _____. Gestern hat er ihr sogar ein Stück (7) _____ gegeben. Marie geht es leider nicht so gut. Sie hat seit drei Tagen (8) _____ und muss morgen zum Zahnarzt.

Bis bald, herzliche Grüße, Tom

7 Nur ein Verb passt. Welches? Markieren Sie.

1. einen Vorschlag — **annehmen** • sagen • unternehmen
2. etwas mit Freunden — streiten • unternehmen • stören
3. eine Arbeit — zurückrufen • erledigen • leidtun
4. mit einem Kollegen — stören • streiten • springen
5. einen Kunden — vorkommen • zurückrufen • leidtun

8 Für Ihren Alltag – Schreiben Sie in Ihrer Sprache.

Das stört mich. ....

Das tut mir leid. ....

Das kommt nicht wieder vor. ....

Das macht doch nichts. ....

Das ist nett von dir / Ihnen! ....

Es ist wichtig, dass… ....

9 Ihre Wörter und Sätze – Schreiben Sie.

Ihre Sprache: | Deutsch:

10 Ihr Text – Was ist Ihnen in Freundschaften und Beziehungen besonders wichtig?

Ich mag meine zwei Mitbewohner sehr gerne. Ich finde es wichtig, dass …

11 Nicht ohne mein Handy!

nach 1

1 Medien

a Schreiben Sie die Wörter richtig und ergänzen Sie Artikel und Plural.

1. tpaoLp   *der Laptop, die Laptops*
2. orpteuCm
3. daHyn
4. uhcB
5. tneiZgu
6. tlaTeb
7. oeenTfl
8. frteschitiZ

b Was passt nicht? Streichen Sie durch.

1. im Internet — surfen • Nachrichten lesen • ~~Fotos machen~~
2. Musik — hören • sehen • genießen
3. E-Mails — skypen • schreiben • lesen
4. mit Freunden — chatten • skypen • fragen
5. mit dem Handy — online sein • etwas reparieren • Freunde anrufen
6. in der Zeitung — surfen • das Kinoprogramm ansehen • einen Artikel lesen

c Wiederholung: Reflexive Verben – Ergänzen Sie die Verben und Reflexivpronomen.

~~sich konzentrieren~~   sich langweilen   sich ärgern   sich interessieren   sich freuen   sich beeilen   sich verlieben

1. Bitte sei still! Ich muss *mich konzentrieren*.
2. Aber es ist schon spät, wir müssen ....!
3. Schon wieder ist das Handy kaputt! Ben .... sehr.
4. Wir .... nicht für Sport.
5. .... ihr .... auch, wenn im Fernsehen Fußball läuft?
6. Pablo liebt Filme. Er ...., weil seine Freunde ihm Kinogutscheine schenken.
7. Viele suchen im Internet neue Beziehungen. Sie möchten .... neu ....

nach 2

2 Kann man das reparieren? Schreiben Sie die Sätze.

● Schönen guten Tag, wie kann ich Ihnen helfen?

○ (1) *Die Kamera von meinem Laptop ist kaputt.*
sein / kaputt / die Kamera von meinem Laptop / .

● Seit wann funktioniert sie denn nicht mehr?

○ (2) ....
sie / kaputt / sein / seit zwei Tagen / .

● (3) ....
gekauft / Sie / wann / haben / das Gerät / ?

○ Vor sechs Monaten.

● Gut, dann haben Sie noch Garantie und wir können das Gerät kostenlos reparieren.

○ (4) ....
bitte / das / wie lange / dauert / , / ?

● Vier Tage.

3 Fragen und Tipps

a Wiederholung: Imperativ – Schreiben Sie die Tipps wie im Beispiel.

1. ● Ich brauche ein neues Handy.
   ○ *Kauf am besten nicht das neue Modell!* (am besten nicht das neue Modell kaufen)

2. ● Mein Computer funktioniert nicht.
   ○ .... (das Kabel kontrollieren)

3. ● Der Drucker druckt das Dokument nicht.
   ○ .... (das Gerät ausschalten und wieder einschalten)

4. ● Die Druckqualität ist ganz schlecht, die Farben sind zu hell.
   ○ .... (eine neue Druckerpatrone nehmen)

5. ● Ich finde meine Fotos nicht mehr!
   ○ .... (im Papierkorb suchen)

6. ● Meine Dokumente sind weg!
   ○ .... (immer alles doppelt speichern)

b Wiederholung: Imperativ – Schreiben Sie die Tipps aus 3a in der Sie-Form und in der Ihr-Form.

1. *Kaufen Sie am besten nicht das neue Modell.*
   Kauft am besten nicht das neue Modell.

nach 4

4 Mehr Medien oder weniger? Ergänzen Sie die passenden Konnektoren. Manchmal gibt es mehrere Möglichkeiten.

dass   weil   wenn   deshalb   aber   und

Medien

Meine Tochter ist acht Jahre alt. Ich finde es super, (1) _dass_ sie ein Handy hat, (2) .... ich sie immer anrufen kann. Aber sie mag es nicht, (3) .... ich sie oft anrufe. (4) .... sie ihre Ruhe haben will, schaltet sie ihr Handy einfach aus. Für mich ist das Handy einfach praktisch, (5) .... ich viel unterwegs bin. (6) .... ich finde es wichtig, (7) .... ich am Feierabend meine Ruhe habe. (8) .... schalte ich das Handy abends immer aus.

nach 5

5 Die coolen Medien

a Welche Endung passt? *-e* oder *-en*? Ergänzen Sie die Adjektive in der richtigen Form.

Gestern war der (1) _perfekte_ (perfekt) Tag für mich! Der (2) .... (lecker) Kaffee hat mich am Morgen gleich wach gemacht. Für den (3) .... (kurz) Weg zur Arbeit habe ich das (4) .... (neu) Fahrrad genommen. Es war das (5) .... (ideal) Wetter: Sonne, aber nicht zu heiß. Im Büro war schon die (6) .... (nett) Kollegin. Und der (7) .... (neu) Chef ist auch super! Jetzt genieße ich den (8) .... (früh) Feierabend und sehe die (9) .... (aktuell) Nachrichten im Fernsehen.

b Schreiben Sie Adjektive und ihr Gegenteil wie im Beispiel.

alt   billig   dunkel   hell   intelligent   klein
dumm   groß   gut   schlecht   interessant
~~langsam~~   laut   leise   neu   teuer   traurig
lustig   ~~schnell~~   langweilig

1. _schnell – langsam_
2. ....
3. ....
4. ....
5. ....
6. ....
7. ....
8. ....
9. ....
10. ....

66   sechsundsechzig

c Ergänzen Sie Adjektive aus 5b. Es gibt mehrere Möglichkeiten.

1. Das ‾‾neue‾‾ Handy ist weg!
2. Die .... Nachbarin möchte, dass ich einen Kaffee mit ihr trinke.
3. Ich möchte die .... Filme nicht mehr sehen.
4. Den .... E-Book-Reader finde ich sehr praktisch.

nach 6

6 Mit Medien lernen? Ergänzen Sie den Text.

Nur onl_i_n_e_ lernen – das ist nic____ für mi___! Ich brau____ den direk____ Kontakt zu den anderen. Aber im Ku___ sprechen und zu Ha____ online Übu_____ machen, das fi____ ich g___. Im Kurs ben_____ ich oft die Wortschatz-____ auf dem Ha____. Meine deutsch___ Freunde schi_____ mir oft Lin___ zu lustigen Vid____ im Internet. Die se___ ich mir da___ an und le____ viele ne___ Wörter. Und ich su____ im Inte_____ oft auf deutschen Sei____. Auße_____ höre ich ge____ deutsche Lie____ und sin___ mit.

nach 7

7 Englische Wörter im Deutschen

a Markieren Sie die Wörter in der Schlange und schreiben Sie sie.

skypen|DisplaychattenDVDgoogelnComputerHandymailenCD-ROM
postendownloadenLinkcheckenBandsurfenWhatsAppE-Mail

‾‾skypen,‾‾ ....
....

b Ergänzen Sie Wörter aus 7a. Manchmal gibt es mehrere Möglichkeiten.

1. Letzte Woche ist mein Handy auf den Boden gefallen. Jetzt ist das ‾‾Display‾‾ kaputt.
2. Ich konnte keine .... -Nachrichten mehr schreiben und lesen.
3. Warum .... du immer so viele Fotos auf Facebook?
4. Mein Freund ist ein Jahr im Ausland. Wir .... ganz oft.
5. Kennst du die .... „Milky Chance"?
6. Nein, die muss ich mal ....
7. Früher hatte ich viele Filme auf ....
8. Aber heute kann man ja Filme gegen Gebühr aus dem Internet ....

Ihr Wortschatz

Nomen

der Akku, -s	der Laptop, -s
der Anschluss, ¨-e	das Medium, die Medien
die App, -s	das Modell, -e
der Bildschirm, -e	die Nachricht, -en
die CD, -s	das Navi, -s
der CD-Player, –	das Netzwerk, -e
die CD-ROM, -s	der Papierkorb, ¨-e
der Drucker, –	das Prozent, -e
die Druckerpatrone, -n	der Rabatt, -e
die DVD, -s	die Reparatur, -en
der E-Book-Reader, –	das Telefon, -e
die Garantie, -n	der USB-Stick, -s
das Gerät, -e	der Vertrag, ¨-e
das Kabel, –	der Vokabeltrainer, –
der Kalender, –	die Werbung (Sg.)
die Kamera, -s	die Zeitschrift, -en
der Kopfhörer, –	die Zeitung, -en

Verben

anklicken	kündigen
bedeuten	löschen
chatten	mailen
checken	nutzen
downloaden	prüfen
einschalten	reparieren
ersetzen	speichern
googeln	starten
kontrollieren	surfen

Adjektive

aktuell	elektronisch
dumm	sozial

Andere Wörter

bis	sowieso

8 Ergänzen Sie die Sätze mit den Nomen und Artikeln aus „Ihr Wortschatz". Manchmal gibt es gibt mehrere Möglichkeiten.

1. Hast du den .... schon eingeschaltet?
2. Mein .... funktioniert nicht mehr.
3. Ich bin viel auf Facebook – ich finde soziale .... toll!
4. Das ist ein altes .... Deshalb bekommen Sie 15 Prozent ....
5. Für dieses Gerät bekommen Sie ein Jahr .... Wenn es in der Zeit kaputtgeht, bezahlen Sie nichts für die ....

9 Ergänzen Sie die Sätze mit Verben aus „Ihr Wortschatz".

1. Du musst die Fotos auch auf einem USB-Stick ....
2. Die Band finde ich super, die .... ich gleich mal.
3. .... den Vertrag genau und unterschreibe ihn erst dann.
4. Das Foto gefällt mir nicht, das .... ich gleich.
5. Ich .... gerne im Internet.

10 Für Ihren Alltag – Schreiben Sie in Ihrer Sprache.

Wie kann ich Ihnen helfen?
Was kann ich für Sie tun?
Könnten Sie bitte meinen Laptop reparieren?
Wie lange dauert das?
Das dauert mir zu lang.
Da muss ich eine andere Lösung finden.
Ist die Druckerpatrone in Ordnung?
Pass auf, dass du den Vertrag kündigen kannst.
Für mich ist es wichtig, dass …
Ich finde es nicht gut, wenn …

11 Ihre Wörter und Sätze – Schreiben Sie.

Ihre Sprache: Deutsch:

12 Ihr Text – Wann nutzen Sie welche Medien? ✏ Schreiben Sie in Ihr Heft.

Am Morgen sehe ich die Nachrichten im Fernsehen. Auf dem Weg zur Arbeit …

12 Ausbildung und Zukunftswünsche

nach 1

1 Können Sie mal vorbeikommen? – Ergänzen Sie den Dialog.

Adresse   am   ansehen   früher   Diese   notiert   bei   spät   nachmittags   Wand   ~~Fleck~~   Nächste   Wann   Wiederhören   um

- ● Malermeister Buchholz. Was kann ich für Sie tun?
- ○ Guten Tag, mein Name ist Ros. Wir haben einen (1) _Fleck_ in unserem Wohnzimmer an der (2) .... Könnten Sie da mal vorbeikommen und sich das (3) ....
- ● (4) .... Woche geht gar nichts mehr. (5) .... Woche können wir kommen.
- ○ Gut, dann nächste Woche. (6) .... können Sie kommen?
- ● Am Freitag, den 16.3. (7) ....
- ○ Das ist viel zu (8) ...., können Sie nicht (9) .... kommen?
- ● Hm, (10) .... Mittwoch, den 14.3., kann ich um 8 Uhr (11) .... Ihnen sein.
- ○ Das ist sehr gut.
- ● Wie ist die (12) .... ?
- ○ Martinstraße 23.
- ● Martinstraße 23., okay. Ich habe es (13) .... Ich bin (14) .... 8 Uhr bei Ihnen.
- ● Auf (15) ....

nach 2

2 Die Firma Buchholz

a Schreiben Sie die Sätze.

1. Peter Buchholz / die Firma / zusammen / leiten / mit seinem Sohn / .
   Peter Buchholz leitet die Firma zusammen mit seinem Sohn.

2. Die Malermeister / Wohnungen und Büros / renovieren / und ihre Angestellten / .
   ....

3. Sie / die Malerarbeiten / sich kümmern / um / .
   ....

4. Frau Buchholz / die Kontakte mit den Kunden / sein / zuständig / für / .
   ....

5. Frau Buchholz / bleiben / ganz ruhig / fast immer / .
   ....

6. Auf dem Sommerfest / ihren Berufserfahrungen / Auszubildende / erzählen / von / .
   ....

70 siebzig

nach 3

3 Die Zeit im Überblick

a Wiederholung – Ergänzen Sie die Wörter zum Thema Zeit.

Ein __Jahr__ hat 12 _____ .

Sie heißen _____ .

Die vier __Jahreszeiten__ sind der Frühling, der _____ ,
der _____ und der _____ .

Ein __Monat__ hat 4 _____ .

Eine _____ hat 7 _____

und ein _____ hat 24 _____ .

Eine _____ hat 60 _____ und

eine _____ hat 60 _____ .

b Schreiben Sie die Sätze je zwei Mal wie im Beispiel. Achten Sie auf die Zeiten.

1. letztes Jahr / sein / Rico / noch in der Schule

   Letztes Jahr war Rico noch in der Schule.
   Rico war letztes Jahr noch in der Schule.

2. vor zwei Monaten / Rico / machen / seinen / Schulabschluss / .

3. nächsten Monat / beginnen / Rico / seine Berufsausbildung / .

4. in drei Jahren / Rico / sein / Mechatroniker / .

5. gestern / wir / sein / bei einer Informationsveranstaltung / .

6. morgen / wir / einen Termin / haben / bei der Agentur für Arbeit / .

nach 5

4 Was wolltest du als Kind werden und was willst du heute? – Schreiben Sie die Sätze mit *werden*. Achten Sie auf die richtige Zeitform.

1. In Deutschland / werden / wollen / zu wenige Jugendliche / Handwerker / .
   In Deutschland wollen zu wenige Jugendliche Handwerker werden.

2. Vor 20 Jahren / werden / viele Jugendliche / Elektriker oder Bäcker / .

3. Heute / viele / zum Beispiel Banker, Informatikerin / werden / .

4. Als Kind / ich / wollen / werden / Tennisspieler / .

5. Ich / dann aber doch / werden / Koch / , // weil ich gerne koche / .

6. Meine Frau / werden / vor zehn Jahren / zuerst / Bankkauffrau / .

7. Jetzt / sie / wollen / werden / Fotografin / .

8. Unser Sohn / wollen / werden / Fußballer oder Astronaut / .

nach 6

5 Präpositionen

a Wiederholung – Welche Präposition passt? Markieren Sie.

1. Ich freue mich an/**auf** meinen ersten Arbeitstag am/um nächsten Montag.
2. Früher habe ich mich oft über/auf meinen Chef geärgert, aber jetzt finde ich ihn okay.
3. Frau Buchholz kümmert sich an/um die Kundenbetreuung.
4. Herr Buchholz interessiert sich mehr für/von die handwerkliche Seite von seinem Beruf.
5. Er denkt oft an/über seine Ausbildung bei/in seinem Vater.
6. Zurzeit muss man oft lange auf/in einen Termin für eine Renovierung warten.

b Präpositionen mit Akkusativ – Ergänzen Sie.

für   ~~für~~   gegen   für   gegen   ohne

1. *Für* den Malerberuf spricht, dass man sehr kreativ sein kann.
2. Die Arbeitszeiten sprechen _____ den Bäckerberuf. Wer steht gerne um vier Uhr morgens auf?
3. Viele Jugendliche interessieren sich _____ Büroberufe.
4. _____ Zuwanderer sind Ausbildungsberufe sehr interessant.
5. Viele deutsche Jugendliche sind _____ eine Ausbildung im Handwerk. Sie studieren lieber.
6. In Deutschland bekommt man _____ eine gute Ausbildung nur schwer eine gute Stelle.

nach 7

6 Tipps

a Konjunktiv II: Konjugation von *können*, *sollen* und *werden* – Ergänzen Sie die Tabelle.

	können	sollen	werden
ich	könnte	sollte	würde
du			
er/es/sie			
wir			
ihr			
sie/Sie			

b Lesen Sie die Probleme und schreiben Sie die Tipps.

1. Ich bin total müde.
   du / sollen / machen / eine Pause / .
   Du solltest eine Pause machen.

2. Hulya hat große Angst vor der Prüfung.
   An ihrer Stelle / ich / würd… / mit Freunden zusammen lernen / .

3. Mein Mann hat starke Rückenschmerzen.
   er / sollen / gehen / zum Arzt / .

4. Wir möchten am Wochenende Spaß haben.
   ihr / können / machen / eine Fahrradtour / .

5. Unsere Kinder langweilen sich in den Schulferien.
   An eurer Stelle / ich / würd… / anmelden / in einem Sportverein / sie / .

6. Ich brauche unbedingt eine andere Stelle.
   du / sollen / eine Beratung / machen / Agentur für Arbeit / bei der / .

7. Mein Mann hat Probleme mit seiner Chefin.
   er / sollen / sprechen / mit ihr / .

nach 8

7 Träume

Ergänzen Sie die Verben in der richtigen Form.

anfangen   zurückgehen   aufmachen   ~~bekommen~~   abschließen   backen

1. Es hat lange gedauert, bis Ekow den Bescheid *bekommen* hat, dass er in Deutschland bleiben kann.
2. Danach hat er eine Ausbildung als Bäcker ....
3. In einem Jahr .... er seine Ausbildung ....
4. Sein Traum: Er will seine eigene Bäckerei ....
5. Dann will er deutsches Brot und ghanaische Süßigkeiten ....
6. Noch ein Traum: Er würde gerne nach Ghana .... und in Accra Brot backen.

dreiundsiebzig 73

Ihr Wortschatz

Nomen

die Anerkennung (Sg.)
der/die Angestellte, -n
der Artikel, – (Zeitung)
der Auftrag, ¨e
der Ausbildungsberuf, -e
der/die Auszubildende, -n
der/die Azubi, -s
die Beratung, -en
die Berufsausbildung, -en
der Berufsberater, –
die Berufsberaterin, -nen
die Berufserfahrung, -en
die Berufsschule, -n
der Betrieb, -e
die Chance, -n
der Fleck, -en
das Gehalt, ¨er
der Kommentar, -e

die Kontaktadresse, -n
der Maler, –
die Malerin, -nen
die Medizin (Sg.)
die Muttersprache
der Polizist, -en
die Polizistin, -nen
die Realität, -en
die Rolle, -n
der Sekretär, -e
die Sekretärin, -nen
die Stelle, -n
die Tapete, -n
der Traumberuf, -e
das Unternehmen, –
der Unterschied, -e
das Verhältnis, -se
die Webseite, -n

Verben

abschließen
anerkennen
aufmachen
erzählen (von + D.)
(sich) kümmern (um + A.)

leiten
recherchieren
spielen
etwas werden (wollen)
zuständig sein (für + A.)

Adjektive

abwechslungsreich
entspannt/gestresst
handwerklich
hart

kreativ
sinnvoll/sinnlos
verantwortungsvoll
zuständig

Andere Wörter

dafür

drinnen/draußen

12

8 Ergänzen Sie die Sätze mit Nomen aus „Ihr Wortschatz".

1. Wenn Jugendliche in Deutschland eine Ausbildung machen, dann arbeiten sie in einem .... und gehen gleichzeitig in die ....

2. Wenn man nicht weiß, was man werden will, dann kann man bei der Agentur für Arbeit mit einem .... oder einer .... sprechen.

3. Er hat schon 20 Jahre ...., aber sein .... ist mit 1400 Euro nicht sehr gut.

9 Ergänzen Sie Verben aus „Ihr Wortschatz".

Abeda macht zurzeit ein Praktikum, das sie in 6 Monaten (2) .... will. Deshalb (3) .... sie .... jetzt .... einen Ausbildungsplatz. Sie hat im Internet und in Zeitungen (4) .... Sie hat schon mit Herrn Bork gesprochen, der die Personalabteilung von MediMack (5) .... Herr Bork hat ihr die Telefonnummer von Frau Meick gegeben, die (6) .... die Berufsausbildung .... Abeda hat gute Chancen.

10 Für Ihren Alltag – Schreiben Sie in Ihrer Sprache.

Was willst du werden? – Ich will Ärztin werden.

Mir gefällt, dass man als Arzt Menschen helfen kann.

Was wolltest du als Kind werden?

Was spricht für eine Berufsausbildung?

Dafür spricht, dass man bessere Stellen bekommt.

Gibt es auch Nachteile?

Du könntest eine Ausbildung zur Elektrikerin machen.

Du solltest dich beraten lassen.

An deiner Stelle würde ich zur Arbeitsagentur gehen.

11 Ihre Wörter und Sätze – Schreiben Sie.

Ihre Sprache: Deutsch:

12 Ihr Text – Schule, Ausbildung, Studium. 🖊 Schreiben Sie Ihre Wünsche.

Meine Wünsche:
Zuerst möchte ich meinen Deutschkurs zu Ende machen.
Danach ... Dann ...

13 Das gefällt mir!

nach 2

1 Auf dem Flohmarkt

a Welche Wörter finden Sie in der Schlange? Markieren Sie und schreiben Sie die Wörter mit Artikel und Plural.

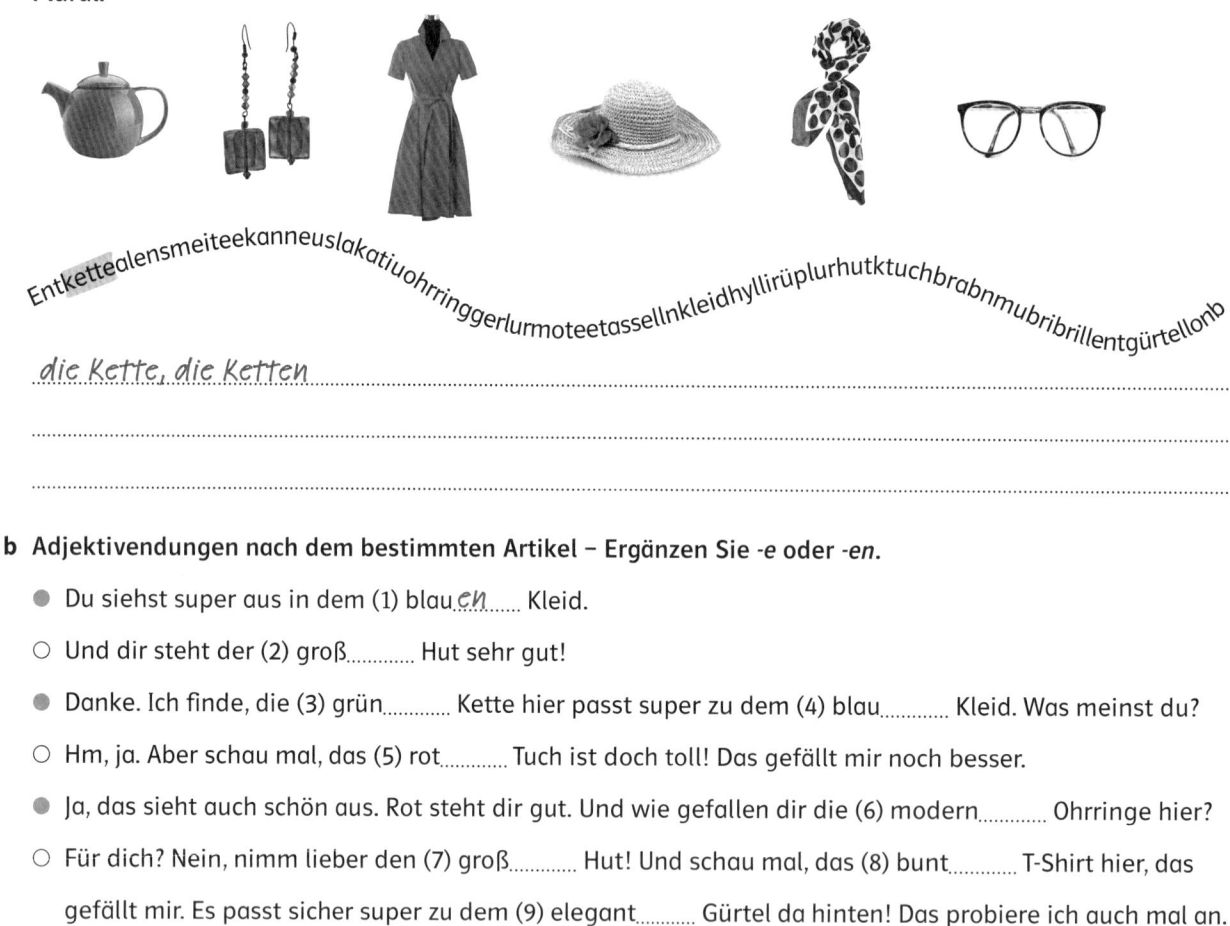

Entkettealensmeiteekanneuslakatiuohrringgerlurmoteetassellnkleidhyllirüplurhutktuchbrabnmubribrillentgürtellonb

die Kette, die Ketten ....

....

....

b Adjektivendungen nach dem bestimmten Artikel – Ergänzen Sie -e oder -en.

● Du siehst super aus in dem (1) blau_en_ Kleid.

○ Und dir steht der (2) groß............ Hut sehr gut!

● Danke. Ich finde, die (3) grün............ Kette hier passt super zu dem (4) blau............ Kleid. Was meinst du?

○ Hm, ja. Aber schau mal, das (5) rot............ Tuch ist doch toll! Das gefällt mir noch besser.

● Ja, das sieht auch schön aus. Rot steht dir gut. Und wie gefallen dir die (6) modern............ Ohrringe hier?

○ Für dich? Nein, nimm lieber den (7) groß............ Hut! Und schau mal, das (8) bunt............ T-Shirt hier, das gefällt mir. Es passt sicher super zu dem (9) elegant............ Gürtel da hinten! Das probiere ich auch mal an.

● Mach das. Und ich kaufe den (10) schön............ Hut.

c Wiederholung: Adjektivendungen nach dem unbestimmten Artikel – Ergänzen Sie Antonias E-Mail.

Liebe Leyla,

wie geht es dir? Am Samstag waren Jenny und ich auf einem (1) groß_en_ Flohmarkt. Da gab es alles: Möbel, Geschirr, Kleidung und Schmuck. Jenny und ich haben viele Sachen anprobiert: (2) schick............ Kleider, (3) modern............ Ohrringe, (4) bunt............ T-Shirts. Jenny hat dann ein (5) blau............ Kleid gekauft. Das steht ihr wirklich gut. Dazu haben wir für sie noch ein (6) rot............ Tuch gefunden. Das sieht super aus zu ihrem (7) neu............ Kleid. Ich habe einen (8) groß............ Hut gekauft. Der ist jetzt im Sommer sehr praktisch! Eine (9) schön............, (10) grün............ Kette haben wir auch gesehen, aber sie war leider zu teuer.

Kommst du nächstes Mal mit?

Liebe Grüße, Antonia

nach 3

2 Einkaufen – Ergänzen Sie den Dialog.

Angebot   Ordnung   brauchen   finden   teuer   ~~kosten~~   Tasse   nehmen   verkaufen

- Guten Tag, was (1) ......kostet...... die Teetasse hier?
- Ich (2) .... die Teetassen nur zusammen. Sie kosten 20 Euro.
- Oh, schade. Das ist mir zu (3) .... Ich (4) .... auch nur eine Tasse.
- Tut mir leid. Aber ich mache Ihnen ein (5) .... Sie bekommen die drei (6) .... für 18 Euro.
- Nein, das (7) .... ich zu viel. 15 Euro sind in (8) ....
- 16 Euro. Das ist mein letztes Angebot.
- Okay, ich (9) .... die Tassen für 16 Euro.

3 Bildbeschreibung

a Schreiben Sie die Wörter an die passende Stelle im Bild.

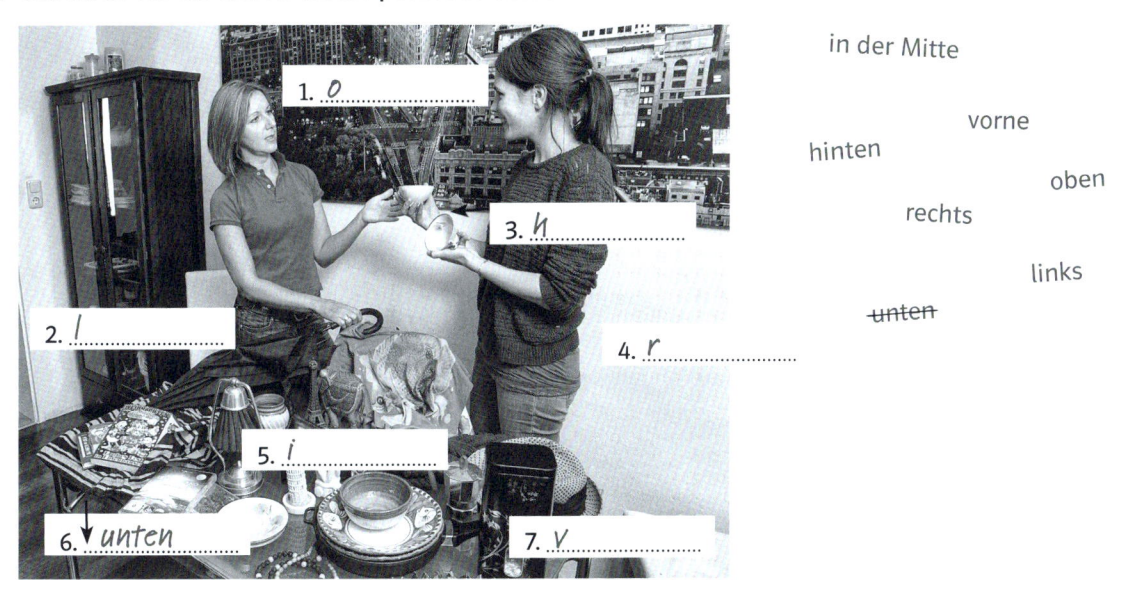

1. o........................
2. l........................
3. h........................
4. r........................
5. i........................
6. ▼ unten
7. v........................

in der Mitte
vorne
hinten
oben
rechts
links
~~unten~~

b Sehen Sie das Foto an und lesen Sie den Text. Es gibt sechs Fehler. Markieren Sie die Fehler und schreiben Sie den Text richtig in Ihr Heft.

Auf dem Bild sieht man drei Frauen auf dem Flohmarkt. Vorne sitzt die Verkäuferin. Zwei Frauen stehen hinten. Die Frau rechts trägt ein gestreiftes T-Shirt. Die Frau links probiert gerade einen Hut an. Vorne liegt eine Decke. Auf der Decke liegen viele Sachen. In der Mitte, hinter der Frau mit dem Hut, steht ein Tisch. Auf dem Tisch liegt ein Kleid.

Auf dem Bild sieht man drei Frauen auf dem Flohmarkt. Hinten sitzt ...

nach 5

4 **Mit diesen Wörtern können Sie Komposita aus Kapitel 13 bilden. Schreiben Sie die Wörter mit Artikel und Plural.**

~~das Auto~~   der Ballon   das Fest   das Tennis   der Tee   ~~der Reifen~~

die Stadt   der Ball   die Tasse   das Ohr   der Ring   die Luft

der Autoreifen, die Autoreifen

5 Präpositionen mit Dativ

a Schreiben Sie die Sätze.

1. Rena und Alex / gehen / heute / zu / der Flohmarkt / .
   Rena und Alex gehen heute zum Flohmarkt.

2. Paolo / besuchen / nach / die Arbeit / eine Freundin / .

3. Tim / sich treffen / mit / ein Freund / .

4. Karim / kommen / spät / aus / die Schule / .

5. Markus / haben / ein Termin / bei / der Zahnarzt / .

6. Tanja / bekommen / ein Geschenk / von / ihre Freundinnen / .

7. die Katze / schlafen / seit / eine Stunde / .

b Markieren Sie die passenden Präpositionen.

Claudia und Idris machen eine Reise (1) **nach**/von/zu Heidelberg. Sie gehen zuerst (2) bei der/seit der/zur Touristeninformation. Die ist ganz in der Nähe (3) vom/bei dem/zum Bahnhof. Sie sprechen dort (4) von/mit/aus einer Frau und bekommen (5) zu/von/mit ihr gute Tipps. Claudia möchte zuerst (6) zum/nach dem/aus dem Schloss gehen. Danach gehen die beiden in der Heidelberger Altstadt shoppen. (7) Aus/Mit/Nach ein paar Stunden haben sie Hunger, denn (8) mit/seit/aus dem Morgen sind sie viel gelaufen und haben wenig gegessen. Am Abend besuchen sie ein Konzert. (9) Bei/Seit/Mit dem Konzert haben sie viel Spaß. Danach gehen sie noch in ein Café. Als sie (10) bei/aus/seit dem Café kommen, ist es schon spät.

nach 6

6 Online kaufen – ganz einfach.

a Ein Verb passt nicht. Welches? Streichen Sie es.

1. etwas online — buchen • kaufen • ~~gehen~~
2. im Internet — fahren • surfen • chatten
3. eine Veranstaltung — wählen • lesen • buchen
4. Konzertkarten im Internet — anklicken • vergessen • bestellen
5. die Ware — bezahlen • zurückgeben • laufen
6. Plätze für ein Konzert — aussuchen • herstellen • bezahlen
7. die Postadresse — eingeben • buchen • schreiben
8. etwas mit EC-Karte — anklicken • bezahlen • kaufen

b Wiederholung: Präteritum – Ergänzen Sie die Verben.

Letzten Monat (1) _wollten_ (wollen) mein Freund Fati und ich in ein Konzert gehen. Wir (2) _____ (haben) wenig Zeit und deshalb (3) _____ (wollen) ich die Karten online kaufen. Fati (4) _____ (wissen), wie das geht, und es (5) _____ (sein) nicht schwer. Man (6) _____ (müssen) zuerst im Internet die Veranstaltung auswählen und das Datum anklicken. Dann (7) _____ (können) man die Plätze aussuchen. Glücklicherweise (8) _____ (geben) es noch viele Karten! Danach (9) _____ (müssen) ich die Karten in den Warenkorb legen, meine Adresse eingeben und zum Schluss die Zahlungsart wählen. Nach ein paar Tagen (10) _____ (kommen) die Karten mit der Post. Fati und ich (11) _____ (haben) bei dem Konzert viel Spaß, die Stimmung (12) _____ (sein) super.

nach 7

7 Meine Musik – Schreiben Sie die Fragen.

Warum hörst   Wie oft   du diese Musik gerne?
~~hörst du gerne?~~   hörst du Musik?   eine Lieblingsband?
~~Welche Musik~~   Hast du   dir die Musik von „Silbermond"?   Wie gefällt

1. ● _Welche Musik hörst du gerne?_
   ○ Ich höre gerne Pop und Jazz.

2. ● _____
   ○ Nein, ich mag viele Bands gerne.

3. ● _____
   ○ Ich finde ihre Lieder sehr schön.

4. ● _____
   ○ Mir gefallen die Texte sehr gut. Und ich finde die Melodien schön.

5. ● _____
   ○ Ich höre jeden Tag Musik. Bei uns zu Hause läuft fast immer Musik.

Ihr Wortschatz

Nomen

das Angebot, -e	....	das Pech *(Sg.)*	....
der Designer, –	....	das Recycling *(Sg.)*	....
die Designerin, -nen	....	der Ring, -e	....
das Ding, -e	....	der Sänger, –	....
die Dose, -n	....	die Sängerin, -nen	....
der Einkauf, ¨e	....	das Silber *(Sg.)*	....
der Jazz *(Sg.)*	....	das Stadtfest, -e	....
die Kirche, -n	....	die Stimme, -n	....
das Kochbuch, ¨er	....	die Stimmung, -en	....
das Kompliment, -e	....	das Talent, -e	....
der Luftballon, -s	....	die Teetasse, -n	....
die Melodie, -n	....	die Teekanne, -n	....
die Nichte, -n	....	der Tennisball, ¨e	....
das Objekt, -e	....	die Vase, -n	....
der Ohrring, -e	....	der Warenkorb, ¨e	....

Verben

aussuchen	....	herstellen	....
basteln	....	hingehen	....
bezahlen	....	laufen *(Es läuft Musik.)*	....
buchen	....	(sich) melden	....
gehen (um + A.)	....	passen (zu + D.)	....
halten	....	vermuten	....

Adjektive

begeistert	....	populär	....
fleißig/faul	....	schmutzig/sauber	....
originell	....	wach/müde	....

Andere Wörter

dahin	....	überhaupt	....
maximal	....	vorne	....
hinten	....	wohl	....

13

8 Ergänzen Sie Nomen aus „Ihr Wortschatz".

Heute kann man viele (1) ....Dinge.... online kaufen. Viele Menschen finden den

(2) .... im Internet sehr praktisch, denn sie müssen die Ware nur aussuchen, in den

(3) .... legen und dann bezahlen.

Das (4) .... war sehr schön. Wir haben alle Straßen mit (5) ....

dekoriert. Am Abend hat eine Band gespielt. Die (6) .... kam aus Kuba und war super!

Sie hatte eine sehr gute (7) .... Alle haben getanzt, und die (8) ....

auf dem Fest war klasse.

Maria trägt gerne Schmuck. Gestern hat sie einen neuen (9) .... gekauft. Den trägt sie

jetzt immer an der linken Hand. Er ist aus (10) .... und passt gut zu ihrer Kette und den

hübschen (11) ....

9 Welche Verben aus „Ihr Wortschatz" passen?

1. etwas in der Hand _halten_
2. ein Ticket online ....
3. ein neues Objekt aus einer Dose ....
4. sich bei einem Freund ....

10 Für Ihren Alltag – Schreiben Sie in Ihrer Sprache.

Die Jacke passt super zu der Hose.

Das Kleid sieht gut aus mit dem Gürtel.

Die Ohrringe stehen dir gut.

Auf dem Bild sieht man ...

Es sieht aus wie ....

Vielleicht ist das ...

Ich vermute, das ist ...

Ich möchte dir etwas über ... erzählen.

In dem Lied geht es um ...

11 Ihre Wörter und Sätze – Schreiben Sie.

Ihre Sprache:

Deutsch:

12 Ihr Text – Beschreiben Sie ein Foto oder ein Bild, das sie schön finden.

Dieses Foto finde ich sehr schön. Es zeigt zwei Personen am Strand. Vorne ...

14 Radtour um den Bodensee

nach 2

1 Was kann man hier machen?

a Ergänzen Sie.

Hotels   Abfahrt   Fluss   Fahrkarte   ~~Zug~~   Erwachsene

Liebe Grüße aus Basel!

Wir sind gestern hier angekommen. Wir sind mit dem (1) *Zug* gefahren, das war wunderbar! Wir wohnen hier in einer kleinen Wohnung, denn die (2) .... waren uns zu teuer. Da zahlt man für zwei (3) .... und drei Kinder einfach zu viel! Morgen machen wir eine Fahrt mit dem Schiff auf dem Rhein, das ist der (4) .... hier. Die (5) .... ist schon um sieben Uhr, deshalb habe ich die (6) .... für uns heute schon gekauft. Ich schicke dir dann ein Foto!

Mareike

b Ergänzen Sie die Fragewörter.

1. *Was* .... kostet eine Führung durch die Altstadt?
2. .... beginnt die nächste Führung?
3. .... ist der Treffpunkt?
4. .... bezahlen Kinder?
5. .... dauert die Führung?

Wann   Wie lange   Wie viel   Wo   ~~Was~~

c Ordnen Sie die Antworten den Fragen aus 1b zu.

a) Um 16 Uhr.   Frage *2*
b) Zwei Stunden.   Frage ....
c) Am Schloss.   Frage ....
d) Pro Person 8 Euro.   Frage ....
e) Es gibt eine Ermäßigung, die Führung kostet 4 Euro pro Kind.   Frage ....

d Ergänzen Sie.

Programm   Blick   See   Führung   ~~Berg~~   Fuß   Seilbahn   Restaurant   Idee

● Ich möchte auf den (1) *Berg*! Der (2) .... von dort oben ist sicher fantastisch!

○ Ja, das ist eine gute (3) ....! Aber ich möchte nicht zu (4) .... gehen.

● Wir können die (5) .... nehmen.

○ Super! Und heute Nachmittag gehen wir dann im (6) .... schwimmen, ja?

● Einverstanden! Aber ich möchte auch eine (7) .... durch die Stadt machen und zum Essen in ein nettes (8) .... gehen.

○ Das ist dann morgen unser (9) ...., okay?

nach 3

2 Die Tagestour

a Welches Wort passt nicht? Streichen Sie es durch.

1. den Pass — einstecken • vergessen • ~~schreiben~~
2. die Übernachtung — anfangen • buchen • bezahlen
3. Geld — wechseln • bezahlen • dauern
4. ein Zimmer — beginnen • ansehen • reservieren
5. die Sachen — packen • einstecken • helfen
6. die Fahrräder — kontrollieren • treffen • holen
7. Essen — schlafen • mitnehmen • kaufen

b Ergänzen Sie Verben aus 2a. Manchmal gibt es mehrere Möglichkeiten.

1. Hast du deinen Pass *eingesteckt* ?
2. Wenn wir nach Polen fahren, müssen wir Geld _____.
3. Ich habe das Zimmer _____. Es ist sehr schön.
4. Wir müssen Essen _____. Die Restaurants sind zu teuer.
5. Hast du die Fahrräder _____? Ist genug Luft in den Reifen?
6. Wir müssen die Übernachtung noch _____.
7. Und hast du deine Sachen schon _____?

nach 4

3 Ein schöner Tag

a Ergänzen Sie die Formen von *lassen*.

1. ● *Lasst* ihr eure Wohnung renovieren?
   ○ Nein, das ist zu teuer, das machen wir selbst.
2. ● Wann _____ du endlich die Haare schneiden? Deine Frisur ist unmöglich!
   ○ Ich _____ meine Haare nicht schneiden! Ich finde meine Frisur wunderbar!
3. ● Wir _____ unsere Räder vor der Tour noch einmal kontrollieren, oder?
   ○ Das können wir doch selbst machen!
4. ● Aber ich _____ die Bremse reparieren.
   ○ Dann musst du dein Rad aber schnell in die Werkstatt bringen!
5. ● Meine Nachbarn _____ immer ihre Wäsche waschen.
   ○ Wirklich? Ist das nicht teuer?
6. ● Ich brauche einen neuen Pass. Ich _____ ein Foto machen.
   ○ Kai _____ auch ein Foto machen. Ihr könnt zusammen gehen.

dreiundachtzig **83**

b Schreiben Sie die Sätze wie im Beispiel.

1. ich / das Licht / kontrollieren / lassen / .
   Ich lasse das Licht kontrollieren.

2. du / dein Auto / reparieren / lassen / Wo / ?
   ....?

3. meine Nachbarin / ihre Fenster / putzen / lassen / .
   ....

4. wir / unseren Urlaub / organisieren / lassen / .
   ....

5. ihr / das Hotel / reservieren / lassen / ?
   ....?

6. die Gäste / ihre Wäsche / waschen / lassen / .
   ....

nach 5

4 Was machen wir morgen? – Was passt? Markieren Sie.

● Ich möchte gerne eine Radtour machen. Ich habe (1) **gehört**/gewusst, dass man hier gut Rad fahren kann.

○ Eine Radtour? Nein, das ist (2) viel/nichts für mich. Ich möchte (3) besser/lieber ein Museum besuchen.

● Ein Museum? Ich (4) weiß/finde nicht.

○ Aber ich möchte so (5) gerne/lieber in die Ausstellung von Albrecht Dürer gehen.

● Mich (6) interessiert/sieht das nicht. Ich (7) glaube/höre, das ist langweilig.

○ Also, ich finde Kunst schön.

● Gut, dann gehst du ins Museum und ich (8) mache/fahre eine Radtour.

○ Und dann treffen wir uns wieder zum (9) Restaurant/Essen.

● Schön, (10) einverstanden/stimmt.

nach 6

5 Was ist denn da auf dem Foto?

a Ergänzen Sie die Relativpronomen *der, das, die*.

1. Berlin ist eine Stadt, ...die.......... nicht sehr alt ist.

2. Es gibt in Berlin viele junge Leute, ... dort studieren.

3. Das Pergamonmuseum ist ein Museum, ... sehr berühmt ist.

4. Auf dem Alexanderplatz gibt es eine Weltzeituhr, ... ein wichtiger Treffpunkt ist.

5. Kreuzberg ist ein Stadtteil, ... für seine Kneipen bekannt ist.

6. Der Fluss, ... durch das Zentrum von Berlin fließt, heißt Spree.

7. In den Hackeschen Höfen gibt es ein Restaurant, ... sehr gemütlich ist.

b Schreiben Sie die Relativsätze wie im Beispiel.

1. Felix und Antonia machen eine Wanderung. Die Wanderung dauert eine Woche.
   Felix und Antonia machen eine Wanderung, die eine Woche dauert.

2. Sie übernachten in kleinen Pensionen. Die Pensionen sind günstig.

3. Sie wandern auf einem Weg. Der Weg führt durch drei Länder.

4. Aber Felix hat Probleme mit seinen Schuhen. Die Schuhe sind ganz neu.

5. Unterwegs treffen sie viele Familien. Die Familien machen in den Bergen Urlaub.

6. Antonia hilft einer Frau. Die Frau hat ihren Sonnenhut verloren.

7. Die Frau lädt sie in ein Café ein. Das Café ist sehr gemütlich.

nach 7

6 Erlebnisse auf Reisen – Was ist positiv, was negativ? Schreiben Sie die Sätze in die Tabelle.

~~Der Wirt war sehr nett.~~   Es hat fast die ganze Zeit geregnet.

Das Obst war sehr teuer dort.   Das Wetter war ideal.

Es war Sonntag und ich konnte nichts einkaufen.

Ich konnte überall mit Euro bezahlen.   Ich habe viele neue Gerichte probiert. Lecker!

Ich habe den falschen Weg genommen.   Die Ferienwohnung war sehr gemütlich.

Ich musste keinen Zoll bezahlen.   Meine Tochter hat ihren Pass nicht gefunden.

Ich habe auch ohne Reservierung überall ein Zimmer bekommen.

Ich hatte zu wenig Geld für die Rechnung – das war so peinlich!   Ich habe das Flugzeug verpasst.

Ich habe sehr nette Leute kennengelernt.   Die Züge waren leider nicht pünktlich.

Für eine Übernachtung ohne Frühstück musste ich 90 Euro bezahlen!

Ich musste den Pass gar nicht zeigen.

positive Erlebnisse	negative Erlebnisse
Der Wirt war sehr nett.	

Ihr Wortschatz

Nomen

die Abfahrt, -en	der Pass, ¨e
die Altstadt, ¨e	die Pension, -en
der Berg, -e	der Prospekt, -e
die Bremse, -n	der Radfahrer, –
der Coiffeur (CH)	die Radfahrerin, -nen
die Coiffeuse (CH)	der Reifen, –
der/die Erwachsene, -n	die Rundfahrt, -en
der Franken, –	der Schlauch, ¨e
die Ferien *(Pl.)*	das Trinkgeld, -er
die Führung, -en	die Übernachtung, -en
das Gepäck *(Sg.)*	das Ufer, –
der Hafen, ¨	das Velo, -s (CH)
das Hotel, -s	das Werkzeug, -e
die Insel, -n	der Wirt, -e
die Landschaft, -en	die Wirtin, -nen
das Lokal, -e	der Zoll, ¨e
die Luft *(Sg.)*	der Zuschauer, –
die Panne, -n	die Zuschauerin, -nen

Verben

einstecken	lassen
(sich) erkundigen (nach + D.)	losgehen
(sich) erholen von (+ D.)	packen
erleben	prüfen
folgen	schneiden
	wechseln

Adjektive

bequem/unbequem	nass/trocken
knapp	wunderschön

Andere Wörter

außen	darum
außer	inklusive
dabei	mancher, manche

7 Ordnen Sie Wörter aus „Ihr Wortschatz" zu. Ergänzen Sie weitere Wörter.

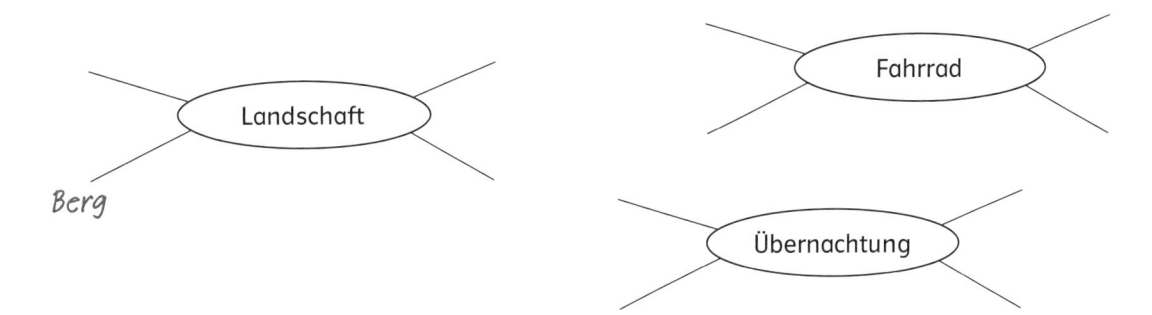

Landschaft

Berg

Fahrrad

Übernachtung

8 Ergänzen Sie die Sätze mit Verben aus „Ihr Wortschatz".

1. Wenn wir in die Schweiz fahren, müssen wir Geld ....
2. Ja, und ich muss auch meinen Reisepass ....
3. Wann fährt eigentlich das Schiff? .... du dich nach den Abfahrtszeiten?
4. Ich kann gleich noch die Luft in den Reifen ....
5. Wir haben auf der Reise viel Schönes ....

9 Für Ihren Alltag – Schreiben Sie in Ihrer Sprache.

Wie lange dauert die Führung?
Wie teuer ist ein Ticket?
Kinder haben freien Eintritt.
Wo beginnt die Führung?
Ich lasse mein Fahrrad reparieren.
Ich glaube, das ist langweilig.
Ich weiß nicht.
Das ist nichts für mich.
Das finde ich besser.
Auf dem Foto sieht man eine Frau, die …

10 Ihre Wörter und Sätze – Schreiben Sie.

Ihre Sprache:

Deutsch:

11 Ihr Text – Ihre Traumreise.

Mit wem?   Wohin?   Verkehrsmittel?   Programm?

Das ist meine Traumreise: Ich fahre mit meinem Freund nach Norwegen. Wir …

15 Ich muss zum Amt.

nach 2

1 Was habe ich falsch gemacht?

a Ergänzen Sie den Dialog.

Alkohol · anhalten · Führerschein · Kreuzung · getrunken · bekommen · beachtet · Monate · gefahren · ~~Papiere~~ · kostet

- ● Guten Tag, Ihre (1) _Papiere_ bitte.
- ○ Welche Papiere?
- ● Ihren (2) ...., bitte. Haben Sie etwas (3) ....?
- ○ Nein, ich trinke nie (4) ....
- ● Also, Frau Miller, Sie haben an der (5) .... das Stoppschild nicht (6) ....
- ○ Wirklich? Ich bin doch ganz langsam (7) ....
- ● Sie müssen (8) ....
- ○ Oh, und was heißt das jetzt?
- ● Sie (9) .... ein Bußgeld.
- ○ Was ist das, „Bußgeld"? Muss ich etwas bezahlen?
- ● Ja, das (10) .... 70 Euro. Wohnen Sie in Deutschland?
- ○ Ja, seit drei Monaten.
- ● Wenn Sie länger als 6 (11) .... bleiben, brauchen Sie den deutschen Führerschein.

nach 3

2 Indirekte Fragen mit Fragewort

a Schreiben Sie wie im Beispiel.

1. Was kostet in Deutschland ein Führerschein?
   Ich möchte wissen, _was in Deutschland ein Führerschein kostet_.

2. Wie viele Fahrstunden muss ich nehmen?
   Können Sie mir sagen, ...

3. Wie lange dauert das?
   Können Sie mir ungefähr sagen, ...

4. Welche Papiere brauche ich?
   Ich muss auch noch wissen, ...

5. Welche Autos kann ich dann fahren?
   Sie wissen bestimmt, ...

b Ordnen Sie die direkten und die indirekten Fragen zu. Markieren Sie dann die Unterschiede zwischen den direkten und indirekten Fragen wie im Beispiel.

1. Tina: Wann kommst du heute nach Hause, Peter? — a) Ralph hat Tina gefragt, wann **ihre** Schule heute zu Ende **ist**.

2. Peter: Wann kommst du heute nach Hause, Tina? — b) Peter möchte wissen, wann Tina heute nach Hause kommt.

3. Tina: Wann ist deine Schule heute zu Ende, Peter? — c) Tina möchte wissen, wann Peter heute nach Hause kommt.

4. Ralph: Wann **ist deine** Schule heute zu Ende, Tina? — d) Tina hat Peter gefragt, wann seine Schule heute zu Ende ist.

c Regina fragt Moritz – Schreiben Sie wie im Beispiel.

1. Seit wann **hast du deinen** Führerschein?
   Regina fragt, seit wann Moritz seinen Führerschein hat.

2. Wo hast du deinen Führerschein gemacht?
   Regina fragt, wo er ....

3. Was hast du für deinen Führerschein bezahlt?

4. Wie viel hat dein Auto gekostet?

5. Wann kann ich dein Auto ausleihen?

d Max fragt Antonia – Schreiben Sie wie im Beispiel.

1. Wie lange **hast du** schon **deinen** Führerschein?
   Max fragt, wie lange sie ihren Führerschein schon hat.

2. Wie alt ist dein Auto?
   Max fragt, wie ....

3. Wie viel Benzin braucht dein Auto?

4. Wann kaufst du ein neues Auto?

5. Wo parkst du dein Auto abends immer?

nach 4

3 Informationen zum Führerschein

a Ergänzen Sie die Sätze.

Anmeldung   Dokumente   Monate   Fahrschule   ~~ausländischen~~   theoretische   Prüfung

Sehtest   Erste Hilfe-Kurs

1. Mit einem _ausländischen_ Führerschein (nicht EU) darf man meistens nur sechs .... fahren.
2. Zum Fahrunterricht geht man in Deutschland in eine ....
3. Man muss eine .... und eine praktische .... machen.
4. Bei der .... muss man .... mitbringen, die zeigen, dass man einen Erste-Hilfe-Kurs und einen Sehtest gemacht hat.

nach 5

4 Indirekte Fragen mit *ob*: Ja/Nein-Fragen

a Ordnen Sie die indirekten Fragen den Ja/Nein-Fragen zu.

1. Hat Herr Kulagin angerufen?
2. Warst du heute auf dem Bürgeramt?
3. Haben Sie auch am Freitagnachmittag geöffnet?
4. Wollen wir zusammen was essen gehen?
5. Gehst du morgen mit joggen?
6. Hast du gehört, dass Birsen den Führerschein nicht bestanden hat?

a) Valeria möchte wissen, ob ihr Mann heute auf dem Bürgeramt war.
b) Gerd hat mich gefragt, ob ich schon gehört habe, dass Birsen den Führerschein nicht bestanden hat.
c) Ich würde gerne wissen, ob Sie auch am Freitagnachmittag geöffnet haben.
d) Ketil hat angerufen und gefragt, ob wir zusammen was essen gehen wollen.
e) Rike will wissen, ob ich morgen mit ihr joggen gehe.
f) Wissen Sie, ob Herr Kulagin angerufen hat?

b Schreiben Sie die indirekten Fragen wie im Beispiel.

1. Kannst du mir morgen dein Fahrrad leihen?

    Ich wollte dich fragen, _ob du mir morgen dein Fahrrad leihen kannst._

2. Schreiben wir unseren Test morgen oder übermorgen?

    Weißt du, ...

3. Wollen wir am Wochenende zusammen lernen?

    Yola hat gefragt, ...

4. Fährt Heiko nächste Woche nach Berlin?

    Wisst ihr, ...

5. Heißt es „das Pferd" oder „die Pferd"?

    Können Sie mir sagen, ...

6. Muss ich die Dokumente alle im Original mitbringen?

    Können Sie mir sagen, ...

nach 7

**5 Das Bürokratie-Wortschatz-Rätsel –
Schreiben Sie die Wörter zu den
Erklärungen 1 bis 10.**

1. Alle deutschen Staatsbürger müssen dieses Dokument haben
   In der EU können sie auch damit reisen. (der Peuawisaorenlss)
2. Auf vielen Ämtern gibt es das und auch bei der Bank auf dem
   Bahnhof und am Flughafen. (der Saelhctr)
3. Das brauchen Sie, wenn Sie nicht aus der
   EU sind und in Deutschland leben möchten.
   (das Vsuim)
4. Das ist die Behörde, wo man seine Kinder
   anmeldet und wo man auch heiratet. (das Stsaamdent)
5. Diese Karte zeigen Sie z. B. Ihrem Arzt oder im Krankenhaus.
   (die Vekhrcsgeusiatrnre)
6. Dieses Dokument brauchen fast alle Menschen auf der Welt,
   wenn Sie ins Ausland reisen wollen. (der Psas)
7. Dieses Dokument braucht man, wenn man in Deutschland
   arbeiten möchte. (die Anubebilateisrrs)
8. Dieses Dokument zeigt, dass man verheiratet ist.
   (die Hesatrrukundie)
9. Im Amt warten viele Leute. Alle haben Zettel
   mit einer Zahl. Diese Zahl nennt man so.
   (die Wanueemtmrr)
10. In vielen Städten gibt es dieses Amt in verschiedenen Stadtteilen.
    (das Bürargmet)

1. der Personalausweis
2. ....
3. ....
4. ....
5. ....
6. ....
7. ....
8. ....
9. ....
10. ....

6 Eine E-Mail – Ergänzen Sie den Text.

Lieber Jamal,

hier mal ein paar Infos über unser neues Leben. Said und ich fühlen uns se___ wohl hier. Zue_____ waren wir eine Woc___ im Ho_____, aber dann kon_____ wir zu mei____ Freund Tarik zie____ und vor ei____ Woche sind w___ in unsere kle____ Wohnung umge_____ (siehe Foto).

Wir hat____ in den ers____ Wochen viel Str____. Wir mussten u___ anmelden und b___ den Behörden al____ erledigen. Mein Fre____ hatte leider ke____ Zeit. Wir spre_____ zwar schon g___ Deutsch, ab___ allein wollten w___ es nicht mac____. Zum Glück gi___ es hier Integrationslotsen (Das heißt wirk_____ so ☺), d___ bei den Behö_____ helfen. Jetzt müssen w___ uns um Arb____ kümmern. Said h___ sich schon b___ einer Firma vorge_____, aber wir wis____ noch nicht, ob s___ ihn nehmen.

So, i___ muss jetzt koc____. Ich mache Palau!

Liebe Grüße

Amir

einundneunzig 91

Ihr Wortschatz

Nomen

die Ahnung, -en
das Amt, ¨er
die Angabe, -n
der Antrag, ¨e
der Arbeitgeber, –
die Arbeitgeberin, -nen
die Arbeitserlaubnis *(Sg.)*
die Arbeitsgenehmigung, -en
die Aufenthaltserlaubnis *(Sg.)*
die Ausländerbehörde, -n
die Bankkarte, -n (die EC-Karte)
der Beamte, -n
die Beamtin, -nen
die Behörde, -n
die Bestätigung, -en
die Fahrschule, -n

die Fahrprüfung, -en
die Frist, -en
der Führerschein, -e
die Konsequenz, -en
das Konsulat, -e
die Krankenkasse, -n
die Krankenversicherung, -en
die Meldebestätigung, -en
der Mietvertrag, ¨e
das Original, -e
der Personalausweis, -e
der Rat *(Sg.)*
der Reisepass, ¨e
das Standesamt, ¨er
der Stempel, –
der Termin, -e
die Verlängerung, -en
das Visum, Visa

Verben

(sich) anmelden (bei/in + D.)
beantragen
erhalten
feststellen

nehmen
stellen
übersetzen
verschieben

Adjektive

ausländisch
betrunken
direkt/indirekt

gültig/ungültig
offiziell/inoffiziell
theoretisch/praktisch

Andere Wörter

darüber
innerhalb/außerhalb

ob

92 zweiundneunzig

7 Wie viele Wörter mit ARBEIT kennen Sie? Schreiben Sie.

Arbeitgeberin — Arbeit — *Arbeitszeit*

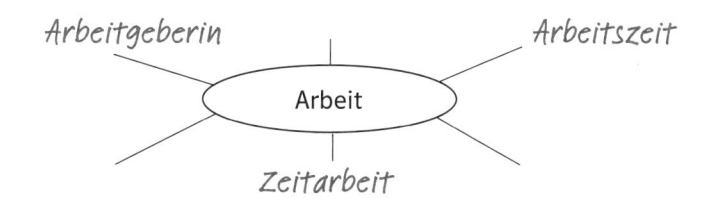

Zeitarbeit

8 Welches Verb passt nicht? Streichen Sie.

1. einen Antrag   anmelden • stellen • ausfüllen • schreiben
2. einen Termin   ausmachen • verschieben • stellen • beantragen
3. ein Visum   erhalten • beantragen • nehmen • haben
4. eine Frist   einhalten • übersetzen • verpassen • bekommen
5. ein Dokument   erhalten • übersetzen • stellen • lesen

9 Ergänzen Sie die Sätze mit Wörtern aus „Ihr Wortschatz".

Wenn Sie einen (1) .... Führerschein haben und kein EU-Staatsbürger sind,

dann ist der Führerschein nur sechs Monate (2) .... Das heißt, Sie müssen

(3) .... von sechs Monaten einen deutschen Führerschein machen.

Wenn Sie viel Alkohol trinken und (4) .... Auto fahren, verlieren Sie den Führerschein.

10 Für Ihren Alltag – Schreiben Sie in Ihrer Sprache.

Was bedeutet „Meldebestätigung"?

Können Sie das bitte erklären?

Was ist „§8 AufenthG " genau?

Können Sie mir sagen, was „§8 AufenthG" bedeutet?

Wissen Sie, wo ich das Formular bekomme?

Weißt du, ob am Samstag das Kursfest ist?

Könnten Sie mir sagen, ob ich einen Antrag stellen muss?

Entschuldigen Sie bitte, das habe ich nicht verstanden.

An deiner Stelle würde ich beim Bürgeramt nachfragen.

11 Ihre Wörter und Sätze – Schreiben Sie.

Ihre Sprache: Deutsch:

12 Ihr Text – Jemand muss auf ein Amt. Geben Sie Tipps.

An Ihrer Stelle würde ich …   Gehen Sie …   Rufen Sie … an.   Nehmen Sie … mit.

16 Wir feiern!

nach 2

1 Wie heißen die Feste?

1. Das ist ein Fest, das man im Büro oder in der Firma mit Kollegen feiert. — die F*irmenfeier*
2. Zu diesem Fest im Frühling suchen die Kinder im Garten Eier. — O_____
3. Dieses Fest feiert man, wenn zwei Menschen heiraten. — die H_____
4. An diesem Tag feiert man, dass ein Kind zum ersten Mal zur Schule geht. — die E_____
5. Hier feiert man draußen zusammen mit Leuten, die in der Nähe wohnen. — das S_____
6. Bei diesem Fest im Dezember geben sich die Leute viele Geschenke. — W_____

2 Ein Kursfest organisieren – Verbinden Sie die Sätze mit *damit*.

1. Wir machen am Samstag ein Kursfest. Alle lernen sich kennen.
   Wir machen am Samstag ein Kursfest,
   damit alle sich kennenlernen.

2. Wir laden unsere Familien und unsere Freunde ein.
   Sie feiern mit uns.
   ....

3. Alle bringen etwas zum Essen aus ihren Ländern mit. Wir haben ein internationales Büfett.
   ....

4. Wir kaufen Wasser, Säfte, Wein und Bier. Es gibt genug zu trinken.
   ....

5. Es gibt einen DJ. Wir können tanzen.
   ....

6. Wir organisieren Spiele. Die Kinder haben Spaß.
   ....

7. Carlos bringt seine Gitarre mit. Er kann Musik machen.
   ....

8. Ich ziehe mein neues Kleid an. Ich sehe schick aus.
   ....

nach 4

3 Die Einladung

a Ergänzen Sie die Einladung.

> Liebe Freunde, liebe Familie,
>
> dies e s Jahr im M___ werde ich 40 u___ das möchte i___ mit euch fei____. Wo und wa___?
> Am Samstag, d___ 23. Mai ab 16 U___ im Garten hin____ unseres Haus. Me___ Freund Paolo u___ seine
> Freunde mac____ Musik, damit w___ tanzen können. U___ für die Kin____ habe ich Spi____
> organisiert. Wir wol____ grillen. Wir kau____ Fleisch und Br___ und natürlich d___ Getränke.
> Könnt i___ Salate mitbringen? Me____ Freundin Isabella organ_____
> das Büfett. Bi____ gebt ihr Besc_____, wenn ihr et____ zu essen
> mitbr_____ könnt.
> Ich fr____ mich auf eu___!
> Herzliche Grüße,
> eure Annie

b Vorschläge – Markieren Sie die passenden Wörter und Ausdrücke.

1.
- Sollen/Dürfen wir an meinem Geburtstag auch die Nachbarn einladen?
- Ich weiß/hoffe nicht … Sind wir dann nicht sehr viele?

2.
- Ich habe ein Programm/eine Idee: Wir leihen ein Zelt. Dann können wir auch draußen feiern, wenn es regnet.
- Ein Zelt? Ich bin dafür/dagegen. Das ist zu teuer. Wenn es regnet, feiern wir in der Wohnung.

3.
- Ich schlage vor/meine, dass wir die Getränke schon am Mittwoch kaufen.
- Nein, das ist kein gutes Thema/keine gute Idee. Am Mittwoch muss ich sehr lange arbeiten. Wollen wir nicht gerne/lieber am Donnerstag in den Supermarkt fahren?
- Einverstanden./Das ist keine gute Idee. Das passt auch gut.

nach 5

4 Die Hochzeit. Markieren Sie die Wörter in der Wortschlange und schreiben Sie sie. Schreiben Sie bei Nomen auch Artikel und Plural.

braut|hochzeitgasttanzenpaarfesttraditionbräutigamtortefeierngeschenkehefrauehemann

die Braut, die Bräute

nach 4

5 Vermutungen äußern und auf Vermutungen reagieren – Ergänzen Sie.

~~denke~~   glaube   sieht   recht

Denkst   könnte   stimmt   vielleicht

- Was ist das denn?
- Keine Ahnung. Ich (1) *denke*, es ist eine Vase.
- Nein, das (2) .... ich nicht. Für mich (3) .... es aus wie eine Kaffeemaschine. (4) .... du auch, dass es eine Kaffeemaschine sein kann?
- Eine Kaffeemaschine? Nein, es ist zu klein. Und du trinkst doch auch gar keinen Kaffee!
- Ja, das (5) .... Hm, … es (6) .... ein Kerzenhalter sein.
- Oder es ist (7) .... eine Lampe?!
- Eine Lampe? Ja, du hast (8) ....! Das ist eine Lampe!

6 Herzlichen Glückwunsch!

a Wie heißen die Glückwünsche? Ordnen Sie zu.

1. Herzlichen Glückwunsch — a) deinem Geburtstag!
2. Wir wünschen euch — b) deinem Mann das Allerbeste!
3. Ich gratuliere dir ganz herzlich zu — c) zur Hochzeit!
4. Viel Glück im — d) bei der Fahrprüfung!
5. Wir wünschen dir und — e) Gute bei deiner neuen Stelle!
6. Viel Erfolg und alles — f) alles Liebe und Gute!
7. Viel Glück — g) neuen Lebensjahr!

b Wiederholung: Possessivartikel – Schreiben Sie die Sätze.

1. Ralf / einladen / seine Kollegen / zur Hochzeit /.
   Ralf lädt seine Kollegen zur Hochzeit ein.

2. Sie / gratulieren / ihr Freund / zur Hochzeitsfeier /.
   ....

3. Der Chef / schreiben / sein Mitarbeiter / eine Glückwunschkarte /.
   ....

4. Wir / besuchen / unsere Schwester / schon vor der Hochzeit /.
   ....

5. Mein Nachbar / mitbringen / seine Tochter / schöne Blumen /.
   ....

6. Onkel Toni aus Amerika / anrufen / seine Nichte /.
   ....

nach 8

7 Feste, Feste

a Wiederholung – Welcher Konnektor passt? Markieren Sie.

1. Marta ist an Neujahr ganz müde, ob/weil/damit sie an Silvester so lange gefeiert hat.
2. An Ostern verstecken wir Eier im Garten, damit/weil/als die Kinder sie suchen und Spaß haben.
3. Senia mag das Feuerwerk an Silvester, wenn/weil/bevor es sie an das Lichterfest in Indien erinnert.
4. Eleni freut sich, als/dass/ob Fabian sie an Weihnachten zu seiner Familie mitnimmt.
5. Weil/Bevor/Damit die Kinder an Weihnachten die Geschenke auspacken, geht die Familie in die Kirche.
6. Ob/Damit/Als Hamid klein war, durfte er bei Festen immer ganz lange aufbleiben.
7. Ruth möchte wissen, wenn/als/ob man zum Zuckerfest auch Geschenke bekommt.
8. Wenn/Damit/Als Senia und Ron ein Fest feiern, laden sie viele Gäste ein.

b Wiederholung – Ergänzen Sie die Konnektoren in der Mail.

als   damit   ~~dass~~   ob   damit   dass   weil   wenn   weil

Lieber Raoul,

entschuldige, (1) _dass_ ich dir so lange nicht geschrieben habe. Stell dir vor, ich habe im Januar eine Stelle hier in Mannheim gefunden. Und (2) _____ alles neu für mich ist, habe ich gar keine Freizeit mehr ☹. Wann habe ich dir das letzte Mal geschrieben? Ich glaube, (3) _____ das kurz vor Weihnachten war. Da war ich ein bisschen traurig, (4) _____ ich hier allein war und meine Familie nicht sehen konnte. Aber Silvester war dann sehr schön. Ich habe mit Freunden gefeiert. (5) _____ es 12 Uhr nachts war, sind wir alle auf die Straße gegangen, (6) _____ wir das Feuerwerk besser sehen konnten. Später haben wir noch lange getanzt.

Jetzt ist der Winter schon fast vorbei. (7) _____ der Frühling kommt, ist das Leben hier viel fröhlicher. Und bald ist Ostern. Ich mag die Tradition hier: Die Leute verstecken Ostereier im Garten und die Kinder suchen sie. Das ist lustig! Ich schicke dir auch ein Foto mit,

(8) _____ du meinen Osterstrauß siehst.

Bitte schreib mir! Ich möchte wissen, (9) _____ du mich bald besuchst!

Alles Liebe

Gabriela

c Wiederholung: Indirekte Fragen – Was möchte Martin wissen? Schreiben Sie Martins Fragen indirekt.

1. Wie heißt das Fest?
2. Wann feiert man das Fest?
3. Wo findet das Fest statt?
4. Feiert ihr das Fest mit eurer Familie?
5. Gibt es etwas Besonderes zu essen?
6. Schenkt ihr euch etwas zum Fest?

Martin möchte wissen, wie das Fest heißt.
Er fragt, ob ...
Er möchte wissen, ob ...

Ihr Wortschatz

Nomen

die Absicht, -en	das Neujahr *(Sg.)*
die Bank, ¨-e	Ostern
die Braut, ¨-e	das Osterei, -er
der Bräutigam, -e	die Portion, -nen
das Brautpaar, -e	der Schritt, -e
der Braten, –	der Schulfreund, -e
das Brunch, -s	die Schulfreundin, -nen
der Büfett, -s	Silvester
die Einschulung, -en	das Straßenfest, -e
das Feuerwerk, -e	der Topf, ¨-e
die Glückwunschkarte, -n	die Tradition, -en
die Hochzeit, -en	die Vermutung, -en
die Hochzeitsfeier, -n	der Vorschlag, ¨-e
der Karneval	

Verben

annehmen	kommen (auf + A.)
ablehnen	merken
aufbleiben	recht haben
Bescheid geben	schmücken
gratulieren	verstecken
(sich) erinnern (an + A.)	wünschen
feiern	zurückbringen

Adjektive

eigenartig	heimlich
freiwillig	originell

Andere Wörter

damit	sogar
hoffentlich	zuletzt

8 Ergänzen Sie.

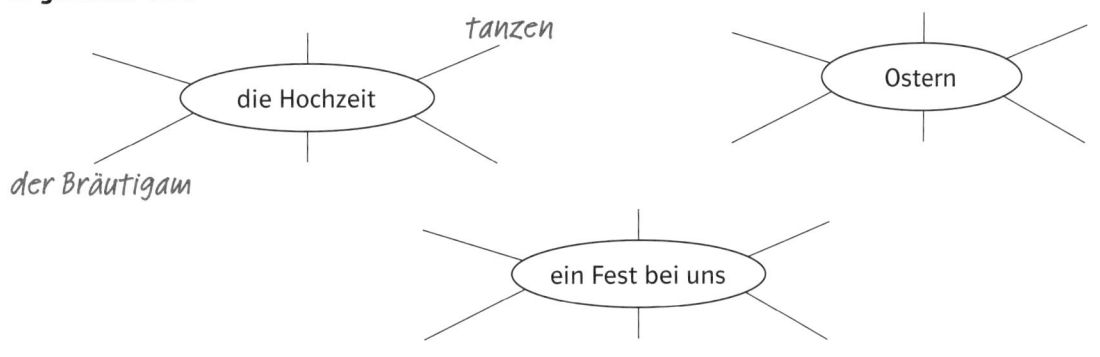

- die Hochzeit — tanzen, der Bräutigam
- Ostern
- ein Fest bei uns

9 Ergänzen Sie Verben aus „Ihr Wortschatz".

Ich (1) _erinnere_ mich gerne an meinen letzten Geburtstag. Ich war neu in der Firma und kannte noch nicht viele Kollegen. Aber jemand hat wohl gewusst, dass ich am 6. Juni Geburtstag habe. Meine Kollegen haben an dem Tag meinen Schreibtisch mit Luftballons und Blumen (2) .... In der Frühstückspause sind alle zu mir gekommen, haben mir (3) .... und mir alles Gute (4) .... Nach der Arbeit sind wir dann noch in ein Café gegangen und haben zusammen (5) .... Es war eine tolle Überraschung für mich: Alle haben an meinen Geburtstag gedacht und ich habe vorher nichts (6) ....

10 Für Ihren Alltag – Schreiben Sie in Ihrer Sprache.

Ich habe eine Idee: …

Ich schlage vor, dass …

Ich bin dafür. / Ich bin dagegen.

Wollen wir nicht lieber …

Es könnte ein/eine … sein.

Für mich sieht es aus wie ein /eine …

Das stimmt. / Du hast recht.

Ein Fest ist für mich schön, wenn …

Für mich gehört zu einem Fest, dass …

11 Ihre Wörter und Sätze – Schreiben Sie.

Ihre Sprache: Deutsch:

12 Ihr Text – Mein schönstes Fest. Schreiben Sie einen Text über ein Fest, das Ihnen besonders gefällt oder das besonders schön war.

Letztes Jahr war Silvester besonders schön. Ich war mit meinen Freunden in …

Lösungen

Kapitel 1

1a 1. Verkäufer/Verkäuferin; 2. Arzt/Ärztin; Krankenpfleger/Krankenschwester; 3. Kellner/Kellnerin; Koch/Köchin; 4. Sachbearbeiter/Sachbearbeiterin; Informatiker/Informatikerin; 5. Mechaniker/Mechanikerin; 6. Rezeptionist/Rezeptionistin; Hotelkaufmann/Hotelkauffrau

1b 1. (2) Berufe; (3) Menschen; (4) Ausbildung; 2. (1) Supermarkt; (2) Kasse; (3) Arbeitszeiten; (4) Bezahlung; (5) Chefin; (6) Kollegen; (7) Probleme

2 1. (2) ist; (3) Wollen; (4) gerne; 2. (1) Ihnen; (2) arbeitet; (3) Freut; (4) gute

3a 2. …, weil das Computerprogramm neu für mich war. 3. …, weil sie mir immer helfen. 4. …, weil ich sehr viel Arbeit habe. 5. …, weil ich gestern spät im Bett war. 6. …, weil wir keine Milch haben. 7. …, weil meine Kinder gerne Würstchen essen.

3b Beispiele: 2. Ich bin glücklich, weil ich Geburtstag habe. 3. Ich bleibe zu Hause, weil ich krank bin. 4. Ich mache ein Fest, weil ich Geburtstag habe. 5. Ich lade dich ein, weil ich dich sehen will. 6. Ich mag meine Arbeit, weil ich nette Kollegen habe.

4a (2) gefunden; (3) gesucht; (4) gefragt; (5) kennengelernt; (6) unterschrieben; (7) eingeladen

4b 1. (2) ihr; (3) mir; (4) mir; 2. (1) mir; (2) euch; (3) mir; (4) uns

4c 1. (2) ihn; 2. (1) mir; (2) dich; (3) den; (4) den; (5) dich; (6) einem; 3. (1) dir; (2) meiner; (3) mir; (4) mir; (5) deiner; (6) ihr; (7) deine

5 2. c); 3. a); 4. b); 5. f); 6. d)
2. Erklärst du mir bitte das Computerprogramm? 3. Ich gebe Ihnen den Büroschlüssel. 4. Die Chefin wünscht der neuen Mitarbeiterin viel Erfolg. 5. Ich bringe den Kolleginnen und Kollegen einen Kuchen mit. 6. Der Hausmeister zeigt mir meinen Schrank.

6 2. Können Sie mir bitte helfen? 3. Ich möchte bitte einen großen Blumenstrauß. / Ich möchte einen großen Blumenstrauß, bitte. 4. Ich hätte gerne auch eine Glückwunschkarte.

7a 2. ~~probieren~~; 3. ~~schenken~~; 4. ~~sitzen~~

7b eingeladen; gesagt; Blumen; ist; Deutschland; höflich; Frau; Blumenstrauß; mitgebracht; Kollege; gesagt; musst; Blumen; liebe; peinlich; seine; gelacht; gut; Abend; noch; lustig
2. Gestern; bei; Nachbarin; Kaffee; Kuchen; sehr; lecker; mich; gefragt; Sie; Stück; sagt; immer; habe; ihr; erzählt; sie; gelacht; Tradition; dürfen; mir; gegeben

8 1. (2) Moment; (3) Schlange; (4) Fabrik; (5) Fernseher; (6) Boden

9 2. zumachen, 3. ausziehen; 4. unterschreiben; 5. geklingelt; 6. gelobt; 7. duzen

Kapitel 2

1 2. der Teppich; 3. das Sofa; 4. der Spiegel; 5. das Bett; 6. der Kühlschrank; 7. der Herd; 8. die Mikrowelle; 9. die Spülmaschine; 10. das Regal; 11. die Lampe; 12. die Uhr

2a 2. Wir brauchen mehr Platz, weil unsere Tochter ein eigenes Zimmer braucht. 3. Unsere Tochter braucht ein eigenes Zimmer, weil sie in die Schule kommt. 4. Die Wohnung ist so teuer, weil sie vier Zimmer hat. 5. Das Haus hat keinen Aufzug, weil es 100 Jahre alt ist. 6. Eleni kauft keine Wohnung, weil sie nicht genug Geld hat.

2b 2. weil … mitgebracht hat; 3. weil … gekommen sind; 4. weil … getragen hat; 5. weil … gefahren ist; 6. weil … gekommen ist; 7. weil … gemacht hat; 8. weil … geblieben ist

3 2. g Eine Katze liegt auf dem Stuhl. 3. a Die Frau steht auf dem Sofa. 4. i Die Pflanze steht vor der Heizung. 5. f Der Vogel sitzt neben dem Stuhl. 6. d Ein Mann liegt unter dem Sofa. 7. h Das Kind liegt zwischen den Stühlen. 8. c Die Spinne hängt an der Lampe. 9. b Eine Katze sitzt am Fenster.

4 2. Deine Brille liegt auf dem Tisch. 3. Elenis Jacke hängt im Schrank. 4. Dein Handy liegt zwischen den Büchern. 5. Meine Katze sitzt auf dem Fensterbrett. 6. Deine Tasse steht in der Spülmaschine. 7. Unsere Hemden hängen im Schrank. 8. Bodos Schulsachen liegen auf dem Boden. 9. Kiras Schulheft liegt unter dem Schreibtisch. 10. Der Mülleimer steht neben der Spülmaschine.

5 2. stellen, an; 3. hängst, an; 4. über; 5. häng, neben; 6. neben, stellen; 7. Zwischen; 8. ins, legen; 9. lege, auf; 10. aufs, setzen; 11. setz, auf

6 2. Eleni hängt ihre Kleider in den Schrank. 3. Fabian setzt seinen Vogel in den Käfig. 4. Wir setzen uns aufs / auf das Sofa. 5. Dana stellt die Pflanzen auf den Boden. 6. Ahmed hängt den Spiegel an die Wand. 7. Eleni legt das Besteck ins / in das Küchenregal. 8. Dana stellt die Vase auf den Tisch. 9. Ahmed stellt das Bier in den Kühlschrank. 10. Eleni hängt die Lampe an die Decke.

7 Woh**nung**; teu**er**; M**iete**; ho**ch**; Neben**kosten**; Zimm**er**; Wohng**emeinschaft**; Plätz**e**; Mak**ler**; Glü**ck**; Kau**tion**; Kos**ten**; neug**ierig**; Mens**chen**; Mitbe**wohner**

8 STAUBSAUGER/LEITER/GESCHIRR/HOLZ/ PORTOKOSTEN/STROM/MÜLL/PLASTIK/ GLÜHBIRNE/SCHUBLADE/METALL
2. Portokosten; 3. Schublade; 4. Leiter; 5. Strom; 6. Glühbirne; 7. Plastik; 8. Geschirr; 9. Müll; 10. Metall; 11. Staubsauger

9 1. Kaffeemaschine; 2. Waschmaschine; 3. Spülmaschine

10 mögliche Wörter: das Bett, der Flur, die Treppe, die Garage, die Mikrowelle, der Kühlschrank, der Herd, das Bücherregal, der Fernseher, das Bild, die Pflanze, die Dusche, das Bad, der Schlafzimmerschrank, das Fenster, das Sofa, die Lampe

11 1. gießen; 2. verschenken; 3. hängen; 4. werfe … weg; 5. weggebracht

Kapitel 3

1a der Sport – das Tischtennis; das Problem – die Lösung; der Junge – das Mädchen; die Werkstatt – das Büro; die Chefin – der/die Mitarbeiter

1b 2. ~~kommen~~; 3. ~~kauft~~; 4. ~~bestellt~~; 5. ~~freut~~; 6. ~~spielen~~

1c 1. (2) Abteilungen; (3) Kunden; (4) vielleicht; (5) schwimmen; 2. (1) Informatikerin; (2) installiert; (3) Problemen; (4) Überstunden; (5) funktioniert; (6) Computerclub; (7) Mädchen; (8) kocht; (9) Kantine; (10) Menü

2a (2) unserem; (3) unserer; (4) unseren; (5) unserem

2b (2) unserem; (3) seiner; (4) seinen; (5) ihren; (6) unseren

2c (2) ihrem; (3) unsere; (4) ihrer; (5) ihrem; (6) Unser; (7) seinen; (8) seine; (9) seiner; (10) seinem

3 2. Ich denke, dass wir über die Arbeitspläne sprechen. 3. Frau Gellert hat auch gesagt, dass wir über den Betriebsausflug diskutieren. 4. Ich meine, dass wir über unsere Urlaubstermine sprechen müssen. 5. Übrigens, findest du auch, dass unser neuer Mitarbeiter sehr gut aussieht? 6. Und hast du schon gehört, dass Renate ihn ganz toll findet? 7. Weiß sie denn, dass er schon drei Kinder hat? 8. Ja, aber sie hat erzählt, dass er geschieden ist.

4 (2) gerne; (3) Zeit; (4) leider; (5) arbeiten; (6) nach; (7) Doch; (8) Uhr; (9) bis; (10) lange; (11) Freitag

5a 2. Tennis; 3. Schwimmen; 4. Tischtennis; 5. Reiten; 6. Volleyball; 7. Laufen; 8. Fußball; 9. Judo; 10. Radfahren; 11. Eishockey; 12. Tanzen

5b 2. Gibt es auch vormittags Kurse? 3. Was kostet der Tanzkurs pro Monat? 4. Gibt es noch freie Plätze? 5. Gibt es eine Ermäßigung? 6. Wo kann ich mich anmelden? 7. Was brauche ich für die Anmeldung?

6 besuche; Freun**d**in; gefällt; **g**ut; eingek**auf**t; ha**be**; Euro; gekoste**t**; wa**r**en; klein**en**; Resta**u**rant; So**ß**e; Bratkar**t**offeln; Heu**t**e; möch**t**en; pa**ar**; Sehenswürdi**g**keiten; möch**t**en; und; Museum; viell**eich**t; gri**ll**en; lie**be**; abend**s**; Flu**ss**; sitzen; Sonn**t**ag; sch**on**; zurück; fah**r**en; **M**achen; nächste; zus**a**mmen; bald

7 Beispiel: *Arbeit*: die Besprechung; der Betrieb; die Kantine; die Überstunde; installieren; mitarbeiten bei + Dat.; erfolgreich; *Sport*: die Gymnastik; Volleyball; das Mitglied; der Verein; aktiv; sportlich; erfolgreich; *Hobbys*: das Mitglied; der Verein; Volleyball; genießen

8 1. Atmosphäre; 2. Überstunden; 3. hilfsbereit; 4. Lösung; 5. Besprechung; 6. Projekt; 7. Ausland; 8. genieße

Kapitel 4

1a

		S	T	I	E	F	E	L				R	
		O						M	A	N	T	E	L	O
K		C				H						C	
L		K		B	A	D	E	A	N	Z	U	G	K
E		E				M					Ü		H
I						D			H		R	J	O
D		B	L	U	S	E			U		T	A	S
									T		E	C	E
			K	R	A	W	A	T	T	E		L	K
					S	T	R	U	M	P	F		E

1b **der**: der Stiefel, die Stiefel; der Mantel, die Mäntel; der Badeanzug, die Badeanzüge; der Strumpf, die Strümpfe; der Hut, die Hüte; der Gürtel, die Gürtel; der Rock, die Röcke; **das**: das Kleid, die Kleider; das Hemd, die Hemden; **die**: die Bluse, die Blusen; die Krawatte, die Krawatten; die Socke, die Socken; die Jacke, die Jacken; die Hose, die Hosen

2 2. Kinderabteilung; 3. Erdgeschoss; 4. Schmuck; 5. Urlaub; 6. Fundbüro

3a 1. (2) passt; (3) Gefällt; (4) steht; 2. (1) gehört; (2) Gefällt; (3) steht; 4. (1) gratulieren; (2) danke; (3) gefällt

3b 1. mir; 2. sie; 3. dir, Sie; 4. mir, sie, dir; 5. dir; 6. mir, du; 7. ihn; 8. Mir

3c (2) ihn; (3) ihn; (4) mir; (5) Sie; (6) ich; (7) dir

4a 1. roter, blaues, blaue; 2. grüne, braune, gelber; 3. schwarzer, weißes; 4. weite, schicke

4b 1. graue, blaues, grünen; 2. neues, schönen, schicke; 3. elegante, schwarzen; 4. lustige, roten, gelbe, gestreiften

5 (2) kurze; (3) blaues; (4) weiße; (5) schwarze; (6) schwarzen; (7) rotes; (8) gestreiftes; (9) kurzen; (10) gestreifte; (11) große; (12) schwarzes

102 einhundertzwei

LÖSUNGEN

6 2. Was für ein Kleid brauchst du? 3. Was für einen Pullover möchtest du kaufen? 4. Was für Schuhe brauchst du? 5. Was für eine Hose trägst du zur Hochzeit?

7 1. (2) weißen; (3) blauen; (4) schwarze; 2. (1) grünes; (2) eleganten; (3) hübschen; (4) warme; (5) neue; 3. (1) schwarzen; (2) weißes; (3) grauer

8 Beispiele: 2. Bei der Arbeit trage ich nie alte Turnschuhe mit karierten Socken. 3. Zu Hause trage ich oft eine weite Hose. 4. Am Sonntag ziehe ich manchmal mein neues Kleid an. 5. Zu einem Fest ziehe ich immer ein elegantes Hemd an.

9 Frau, links: Mantel, Kleid, Stiefel, rechts: Kette, Handtasche; Mann, links: Hemd, Unterhose, Hose, rechts: Pullover, Jacke, Schuhe

10 (2) Information; (3) Mäntel; (4) passt; (5) eng/weit; (5) Größe

Kapitel 5

1 1. der Bus, die Busse; 2. das Motorrad, die Motorräder; 3. der Zug, die Züge; 5. der PKW, die PKWs; 6. das Schiff, die Schiffe; 7. das Fahrrad, die Fahrräder; 8. das Taxi, die Taxis; 9. das Flugzeug, die Flugzeuge; 10. die U-Bahn, die U-Bahnen

2a (2) stehen, warten; (3) nehmen; verpassen; (4) fahren, kommen; (5) warten, einsteigen, aussteigen; (6) haben, kaufen

2b (2) habe gewartet; (3) habe gefunden; (4) steig ein; (5) haben gestanden; (6) fahre

2c 2. hell; 3. alt; 4. teuer; 5. gut; 6. krank; 7. eng; 8. groß; 9. spät; 10. kurz; 11. langsam; 12. langweilig

2d 2. ~~besser~~; 3. ~~weiter~~; 4. ~~weniger~~; 5. ~~früher~~

2e 2. größer; 3. dunkler; 4. praktischer; 5. schneller; 6. interessanter; 7. besser; 8. teurer; 9. höher

3a (2) wie; (3) als; (4) als; (5) wie; (6) als; (7) als

3b 2. Deine Stiefel sind so hoch wie meine Stiefel. Deine Stiefel sind höher als meine Stiefel. 3. Dein Schal ist so lang wie mein Schal. Dein Schal ist länger als mein Schal. 4. Deine Jacke ist so warm wie meine Jacke. Deine Jacke ist wärmer als meine Jacke. 5. Deine Strümpfe sind so bunt wie meine Strümpfe. Deine Strümpfe sind bunter als meine Strümpfe. 6. Dein Pullover ist so schön wie mein Pullover. Dein Pullover ist schöner als mein Pullover. 7. Dein Rock ist so kurz wie mein Rock. Dein Rock ist kürzer als mein Rock. 8. Dein Hut ist so schön wie mein Hut. Dein Hut ist schöner als mein Hut.

4a 2. Wenn ich meine Tante besuche, fliege ich. Ich fliege, wenn ich meine Tante besuche 3. Wenn ich meine Kinder abhole, nehme ich das Auto. Ich nehme das Auto, wenn ich meine Kinder abhole. 4. Wenn ich Urlaub auf Sizilien mache, fahre ich mit dem Schiff. Ich fahre mit dem Schiff, wenn ich Urlaub auf Sizilien mache. 5. Wenn das Wetter schön ist, mache ich eine Fahrradtour. Ich mache eine Fahrradtour, wenn das Wetter schön ist.

4b (2) weil; (3) weil; (4) Wenn; (5) wenn; (6) dass; (7) weil

5a 2. Jahrhundert; 3. Einwohner; 4. Benzin; 5. öffentlich; 6. außerhalb; 7. normal

6a 2. höher, am höchsten; 3. dunkler, am dunkelsten; 4. gesünder, am gesündesten; 5. besser, am besten; 6. später, am spätesten; 7. teurer, am teuersten; 8. länger, am längsten; 9. lieber, am liebsten; 10. mehr, am meisten

6b (2) am meisten; (3) am liebsten; (4) am ruhigsten; (5) am längsten; (6) am anstrengendsten; (7) am kältesten; (8) am schwersten; (9) Am lustigsten

7 (1) Sonne; (2) Rad; (3) Monatskarte; (4) Automat; (5) Parkplatz; (6) Stau; (7) Benzin; (8) Unfälle

8 1. bequem/praktisch; 2. automatisch; 3. beliebt/häufig/praktisch; 4. bequem/häufig/praktisch

Kapitel 6

1 2. Touristeninformation; 3. Wetter; Fluss; 4. Museum; 5. Eintritt; zahlt; 6. Glas; 7. Stadtzentrum; Nähe; 8. Dom

2 1. c); 2. Wann macht das Bodemuseum auf?, e); 3. Fährt der Bus 200 auch nach Oranienburg?, b); 4. Wo kann man am Abend gut essen, wenn man wenig Geld hat?, d); 5. Kann man mit dem Schiff vom Stadtzentrum nach Potsdam fahren?, f); 6. Für wie viele Tage kann man den Berlin-City-Pass kaufen?, a)

3 1. gemütliches, interessanten; 2. günstige, teure; 3. interessanten; 4. tollen; 5. kleinen

4a 2. Machen Sie eine Radtour von Potsdam nach Wannsee. 3. Kaufen Sie morgen die Zeitschrift „Tip". 4. Nimm den Bus 100.

4b 2. Ihr müsst unbedingt ins Theater gehen. 3. Wir können doch morgen einen Spaziergang im Tiergarten machen. 4. Sie können sehr gut in Kreuzberg essen.

4c 2. Wenn das Wetter gut ist, macht ihr am besten einen Spaziergang in Berlin-Mitte. 3. Wenn es kalt ist, besuchen Sie am besten das Pergamonmuseum. 4. Wenn es warm ist, fährst du am besten an den Wannsee.

5a 2. durch; 3. über; 4. in; 5. über; 6. bis zur; 7. an; 8. an; 9. Gegenüber

6 1. Beginn; 2. Ermäßigung; 3. Eintrittskarte; 4. Konzert; 5. Theater; 6. Student; 7. Weihnachten; 8. Sprache

7 1. (2) heute; (3) sind; (4) leider; (5) morgen; (6) Karten; 2. (1) kosten; (2) Karten; (3) Euro; (4) Euro; (5) Ermäßigung; 3. (1) wann; (2) Karten; (3) Minuten; (4) Vorstellung; (5) Kasse

8 die Vorspeise; -n; die Hauptspeise, -n; die Nachspeise, -n; der Hunger (*Sg.*); das Mineralwasser, –; die Frikadelle, -n; die Suppe, -n; die Kartoffel, -n; das Schnitzel, –; das Würstchen, –; der Salat, -e;

9 <u>Suppe</u>: Nudelsuppe, Kartoffelsuppe, Tomatensuppe, Gemüsesuppe; <u>Saft</u>: Orangesaft, Apfelsaft, Tomatensaft; <u>Salat</u>: Tomatensalat, grüner Salat, Gemüsesalat, Fleischsalat

10 (2) hätte; (3) Möchten; (4) Vorspeise; (5) bringen; (6) was; (7) trinken; (8) bitte

11 2. berät; 3. bestellen; 4. besichtigt; 5. lohnt sich; 6. beraten

Kapitel 7

1a (2) Dorf; (3) weggehen; (4) Lehre; (5) Aufenthalt; (6) befristet; (7) Ehe; (8) Heimweh; (9) vermisst

1b Beispiel: <u>Stadt</u>: das Kaufhaus; einkaufen; das Museum; das Theater; laut; international; der Verkehr; der Stau; die U-Bahn; <u>beides</u>: die Ampel; die Schule; der Supermarkt; der Bus; die Fabrik; das Hotel; der Markt; der Bahnhof; <u>Land</u>: grün; der Baum; das Dorf; hier ist nichts los; der Wald; das Pferd; reiten, Tiere; leise; die Ruhe; der Garten

2a 1. (2) wollte; (3) wolltet; (4) wollte; 2. (1) Durftest; (2) durfte; (3) mussten; (4) konnte; (5) konntest; (6) durftest

2b 2. Andrea wollte fremde Länder kennenlernen. 3. Nach ihrer Ausbildung konnte sie ein Praktikum in Costa Rica machen. 4. Im Hotel in Costa Rica musste Andrea viele unterschiedliche Arbeiten machen. 5. Am Anfang konnte sie nicht gut Spanisch sprechen. 6. Nach ein paar Jahren wollte sie nicht mehr nach Deutschland zurückgehen.

2c 1. (2) Wolltest; (3) konnte; 2. (1) musste; (2) durfte; (3) kannst; (4) muss; 3. (1) Konntest; (2) konnte; (3) muss; (4) können; (5) müssen

3a 2. Als sie älter war, hat sie von fremden Ländern geträumt. 3. Als sie eine Lehre als Reisebürokauffrau gemacht hat, hat sie Fremdsprachen gelernt. 4. Als sie ein Praktikum in Costa Rica machen konnte, war sie glücklich. 5. Als sie im Hotel gearbeitet hat, hatte sie viele Aufgaben. 6. Als sie Joaquín kennengelernt hat, war sie total verliebt.

3b 1. (2) wenn; (3) als; (4) wenn; 2. (1) Als; (2) wenn; (3) wenn; (4) Als; (5) als

LÖSUNGEN

3c 2. … war ich sehr glücklich. 3. … sind meine Freunde und ich an den Strand gefahren. 4. … haben mein Bruder und ich unsere Großeltern besucht. 5. … wollte ich jeden Tag Fußball spielen. 6. … habe ich gerne meine Freunde getroffen.

4a 2. Ungefähr ein halbes Jahr lang. 3. Vor drei Monaten. 4. Von 8 bis 17 Uhr. 5. Um 12:30 Uhr. 6. 45 Minuten.

4b (2) Vor; (3) Bis; (4) Ab; (5) Im; (6) Seit

5 vor; Jahr; Neulich; sie; gesprochen; hat; Ausbildung; gemacht; Moment; einem; Beruf; möchte; gerne; eine; als; finden; die; macht; Spaß; hat; seinem; viel; Von; bis; hatte; auch; sein; Geschäft; hat; Integrationskurs; und; schon; Deutsch; will; helfen; mit; einer; erst; Woche

6 2. der Cousin – der/die Angehörige; 3. die Zukunft

7 (2) weggegangen; (3) gewinkt; (4) geweint; (5) Heimweh; (6) vermisst

8 2. fröhlich 3. unbekannt. 4 weinen 5. weggehen 6. meistens

Kapitel 8

1a 2. an einen See fahren; 3. eine Fabrik besichtigen; 4. ein Schloss ansehen; 5. eine Wanderung machen

1b 2. Ich möchte gerne eine Bootsfahrt machen. 3. Warum gehen wir nicht zum Bowling? 4. Lasst uns doch mal eine Fabrik besichtigen! 5. Ich habe eine tolle Idee: Wir können doch ein Schloss besichtigen. 6. Ich schlage vor, dass wir eine Wanderung machen.

2a (2) musste; (3) konnten; (4) wollte; (5) durfte; (6) mussten; (7) durften

2b ich fragte; sie, Sie fragten; ich dachte; wir dachten; er, es, sie wusste; sie, Sie wussten; er, es, sie gab; sie, Sie gaben; ich kam; wir kamen

2c (2) kamen; (3) gab; (4) konnte; (5) wussten; (6) durfte; (7) war; (8) kam; (9) warteten; (10) dankten

3a (2) gut; (3) schon; (4) finde; (5) gehen; (6) Vorschlag; (7) Spaß; (8) Wetter; (9) Stimmt; (10) machen; (11) gefällt; (12) anstrengend

3b 2. diesen; 3. Dieser; 4. diesen; 5. dieser; 6. diesen; 7. Diesen

4a 2. f); 3. e); 4. a); 5. b); 6. c); 7. d)

4b Dialog 1: (2) Regen; (3) regnet; (4) scheint; (5) warm; (6) Grad;
Dialog 2: (1) Sonne; (2) warm; (3) Grad; (4) Schnee; (5) kalt

5a (2) Wenn; (3) Als; (4) weil; (5) als; (6) weil; (7) dass; (8) Wenn

5b 2. Bevor ich frühstücke, höre ich die Nachrichten. Ich höre die Nachrichten, bevor ich frühstücke. 3. Bevor ich zur Arbeit gehe, bringe ich meinen Sohn in die Schule. Ich bringe meinen Sohn zur Schule, bevor ich zur Arbeit gehe. 4. Bevor ich Mittagspause habe, schreibe ich viele E-Mails. Ich schreibe viele E-Mails, bevor ich Mittagspause habe. 5. Bevor ich Feierabend habe, plane ich mit Kollegen Termine. Ich plane mit Kollegen Termine, bevor ich Feierabend habe. 6. Bevor ich meinen Sohn abhole, kaufe ich ein. Ich kaufe ein, bevor ich meinen Sohn abhole. 7. Bevor ich mit meinem Sohn spiele, koche ich eine Suppe. Ich koche eine Suppe, bevor ich mit meinem Sohn spiele. 8. Bevor ich meinen Sohn ins Bett bringe, esse ich zusammen mit meinem Sohn. Ich esse zusammen mit meinem Sohn, bevor ich meinen Sohn ins Bett bringe. 9. Bevor ich schlafen gehe, sehe ich fern. Ich sehe fern, bevor ich schlafen gehe.

6 Grüße; geht; gut; Deutschkurs; mir; Spaß; Letzte; Woche; einen; Ausflug; haben; diesen; gemeinsam; geplant; organisiert; eine; Bootsfahrt; gemacht; geklappt; Wetter; ideal; sonnig; heiß; Boot; Getränke; haben; geschmeckt; Tag; viel; vorbei; Wann; besuchst; hier; möchte; Stadt; zeigen; bald

einhundertfünf **105**

7 Beispiel: *Ausflug*: der Fotoapparat, die Natur, die Organisation, das Picknick, die Planung, das Schloss, vorschlagen, gemeinsam; *Verkehr*: die Autobahn, die Landung, der Wagen; *Wetter*: das Gewitter, das Grad, die Hitze, die Kälte, der Nebel, der Regen, die Temperatur; der Wetterbericht, der Wind, die Wolke, blitzen, donnern, regnen, schneien, bewölkt, heiß, kalt, nass, neblig, sonnig, trocken, windig

8 (1) Programm; (2) Natur; (3) Picknick; (4) Bewegung; (5) Wetterbericht; (6) Temperaturen; (7) Gewitter; (8) donnert

Kapitel 9

1a 1. Fenster; 2. Brot; 4. Tasse; 5. Brötchen; 6. Marmelade; 7. Ei; 8. Wurst; 9. Käse

2a 2. sich; 3. dich; 4. sich; 5. uns; 6. sich; 7. sich; 8. euch

2b 2. euch … ärgern; 3. uns konzentrieren; 4. dich … beeilst; 5. Setzen … sich; freue mich

3 2. die Mittagsbetreuung; 3. die Hausaufgabenbetreuung; 4. die Grundschule; 5. das Abitur; 6. die Erzieherin; 7. der Spielplatz; 8. die Schulferien

4 h**at**; ver**pass**t; **s**ind; **i**st; **S**ie; **n**icht; Un**pü**nktlich**keit**; **s**ich; **St**unde; **u**nd; **H**err; **s**ind; tr**au**rig; **s**etzt; sch**au**t; **Kl**asse; w**a**rtet; **U**nterricht; **s**ich; **s**ich; inter**ess**iert; **fü**r; **a**ber; **ih**m; ge**st**ern; unter**hä**lt; **n**icht; **w**eil; **i**st; er**zä**hlt; **ih**rem; **a**n; ge**ra**de; kon**zen**triert; **au**f; **D**ann; **i**hr; **d**ie; er**klä**ren; disk**u**tiert; **m**it; **Fr**age; **k**ommen; **d**ie; er**klä**ren

5a 2. über; 3. auf; 4. für; 5. an; 6. mit, über; 7. von; 8. auf

5b 2. Die Kinder freuen sich auf die Ferien. 3. Hasret ärgert sich über ihre schlechten Ergebnisse im Test. 4. Wir interessieren uns für Sport und Kino. 5. Die Leute warten auf den Sommer. 6. Ich diskutiere mit meinen Freunden über das Problem. 7. Er erzählt von seiner Reise. 8. Du denkst an deine neue Freundin.

6a *Montag:* 2. Chemie; 3. Deutsch; *Dienstag:* 1. Geografie; 2. Physik; 3. Französisch; *Mittwoch:* 1. Musik; 2. Biologie; 3. Englisch; *Donnerstag:* 1. Kunst; 2. Mathe; 3. Sport

6b 2. e); 3. h); 4. b); 5. a); 6. g); 7. d); 8. f)

7 2. Elternabend; 3. Einladung; 4. Elternsprecher; 4. Tagesordnung; 5. Klassenfahrt; 6. Grundschule; 7. Gesamtschule; 9. Kinderhort; 10. Nachhilfe

8a 2. d); 3. e); 4. f); 5. b); 6. a)

8b 2. Schulpflicht; 3. Abitur; 4. staatlichen, privaten; 5. Ganztagsschulen

9a 2. sich beeilen; 3. sich unterhalten (mit); 4. warten (auf)

9b 1. mich beeilen; 2. warte … auf; 3. mich auf … konzentrieren

10 1. einzeln; 2. ähnlich; 3. rechtzeitig; 4. wahrscheinlich; 5. staatlich; 6. ungenügend

Kapitel 10

1 1. (2) stört; (3) leiser; (4) klar; 2. (1) leer; (2) einkaufen; (3) leid; 3. (1) offen; (2) finde; (3) Entschuldige

2a 2. Fabian hat einen wichtigen Termin, deshalb ist er nervös. 3. Dana mag Katzen, deshalb gibt sie Minka immer Schinken. 4. Danas Arbeit ist ziemlich anstrengend, deshalb ist sie oft müde. 5. Fabian lernt für eine schwierige Prüfung, deshalb hat er keine Zeit.

2b 2. Warum ist Fabien nervös? – Fabian ist nervös, weil er einen wichtigen Termin hat. 3. Warum gibt Dana Minka immer Schinken? – Dana gibt Minka immer Schinken, weil sie Katzen mag. 4. Warum ist Dana oft müde? – Dana ist oft müde, weil ihre Arbeit ziemlich anstrengend ist. 5. Warum hat Fabian keine Zeit? – Fabian hat keine Zeit, weil er für eine schwierige Prüfung lernt.

2d (2) deshalb; (3) denn; (4) denn; (5) weil; (6) Weil; (7) deshalb

3a 2. könntest; 3. können; 4. könntet

3b 2. Würdet; 3. Würden

3c 2. Würdet ihr die Blumen gießen, bitte? / Würdet ihr bitte die Blumen gießen? Könntet ihr die Blumen gießen, bitte? / Könntet ihr bitte die Blumen gießen? 3. Würdest du bitte die E-Mail von Frau Sommer beantworten? / Könntest du bitte die E-Mail von Frau Sommer beantworten? 4. Würden Sie den Betriebsausflug organisieren, bitte? / Würden Sie bitte den Betriebsausflug organisieren? / Könnten Sie den Betriebsausflug organisieren, bitte? / Könnten Sie bitte den Betriebsausflug organisieren?

3d 1. natürlich; 2. Würden, Problem; 3. Könntet, leid; 4. Würdest, gerne, Termin

4a 2. Ich möchte etwas mit Ihnen besprechen. 3. Ein Kunde hat sich beschwert. 4. Sie sind zu spät gekommen. 5. Das verstehe ich. Aber bitte sagen Sie mir Bescheid.

4b 2. für; 3. über; 4. auf; 5. von; 6. an

5a 1. nicht; unserem; warst; deine; vorbei; dir; gut; möchte; ins; gehen; Zeit; Lust; kommt; mit; mich 2. ich; Abend; mit; Ich; Uhr; eine; Besprechung; der; Tut; leid; wir; Sonntag; einen; machen; habe; lange; gesehen

5b 2. dass man in einer guten Freundschaft auch manchmal streitet. 3. dass Geduld in Freundschaften sehr wichtig ist. 4. dass Freunde auch bei Problemen helfen. 5. wenn man mit Freundinnen viel unternehmen kann. 6. wenn man mit Freunden viel lachen kann.

6 (2) Enkel; (3) umgekehrt/deshalb; (4) Beziehung (5) Wecker; (6) Futter; (7) Schinken; (8) Zahnschmerzen

7 2. unternehmen; 3. erledigen; 4. streiten; 5. zurückrufen

Kapitel 11

1a 2. der Computer, die Computer; 3. das Handy, die Handys; 4. das Buch, die Bücher; 5. die Zeitung, die Zeitungen; 6. das Tablet, die Tablets; 7. das Telefon, die Telefone; 8. die Zeitschrift, die Zeitschriften

1b 2. ~~sehen~~; 3. ~~skypen~~; 4. ~~fragen~~; 5. ~~etwas reparieren~~; 6. ~~surfen~~

1c 2. uns beeilen; 3. ärgert sich; 4. interessieren uns; 5. Langweilt … euch; 6. freut sich; 7. sich … verlieben

2 (2) Sie ist seit zwei Tagen kaputt. (3) Wann haben Sie das Gerät gekauft? (4) Wie lange dauert das, bitte?

3a 2. Kontrollier am besten das Kabel. 3. Schalt am besten das Gerät aus und wieder ein. 4. Nimm am besten eine neue Druckerpatrone. 5. Such am besten im Papierkorb. 6. Speicher am besten immer alles doppelt.

3b 2. Kontrollieren Sie am besten das Kabel. – Kontrolliert am besten das Kabel. 3. Schalten Sie am besten das Gerät aus und wieder ein. – Schaltet am besten das Gerät aus und wieder ein. 4. Nehmen Sie am besten eine neue Druckerpatrone. – Nehmt am besten eine neue Druckerpatrone. 5. Suchen Sie am besten im Papierkorb. – Sucht am besten im Papierkorb. 6. Speichern Sie am besten immer alles doppelt. – Speichert am besten immer alles doppelt.

4 (2) weil; (3) dass/wenn; (4) Wenn; (5) weil/wenn; (6) Aber; (7) dass; (8) Deshalb/Und

5a (2) leckere; (3) kurzen; (4) neue; (5) ideale; (6) nette; (7) neue; (8) frühen; (9) aktuellen

5b 2. alt – neu; 3. billig – teuer; 4. dumm – intelligent; 5. dunkel – hell; 6. groß – klein; 7. gut – schlecht; 8. interessant – langweilig; 9. laut – leise; 10. lustig – traurig

5c Beispiele: 2. neue; 3. langweilige; 4. teuren/billigen

6 nichts; mich; brauche; direkten; Kurs; Hause; Übungen; finde; gut; benutze; App; Handy; deutschen; schicken; Links; Videos; sehe; dann; lerne, neue; suche; Internet; Seiten; Außerdem; gerne; Lieder; singe

7a Display; chatten; DVD; googeln; Computer; Handy; mailen; CD-ROM; posten; downloaden; Link; checken; Band; surfen, WhatsApp, E-Mail

7b 2. WhatsApp; 3. postest; 4. chatten/mailen/skypen; 5. Band; 6. googeln; 7. DVD; 8. downloaden

8 Beispiel: 2. Bildschirm/Drucker/Laptop; 3. Akku/Navi/Telefon/Kopfhörer/CD-Player/Bildschirm; 4. Netzwerke; 5. Modell, Rabatt; 6. Garantie, Reparatur

9 1. speichern, 2. google; 3. Prüfe; 4. lösche; 5. surfe

Kapitel 12

1 (2) Wand; (3) ansehen; (4) Diese; (5) Nächste; (6) Wann; (7) nachmittags; (8) spät; (9) früher; (10) am; (11) bei; (12) Adresse; (13) notiert; (14) um; (15) Wiederhören

2a 2. Die Malermeister und ihre Angestellten renovieren Wohnungen und Büros. 3. Sie kümmern sich um Malerarbeiten. 4. Frau Buchholz ist für die Kontakte mit den Kunden zuständig. 5. Frau Buchholz bleibt fast immer ganz ruhig. 6. Auf dem Sommerfest erzählen Auszubildende von ihren Berufserfahrungen.

3a Monate / Januar, Februar, März, April, Mai, Juni, Juli, August, September, Oktober, November, Dezember / der Sommer, der Herbst, der Winter / Wochen / Woche – Tage / Tag – Stunden / Stunde – Minuten / Minute – Sekunden

3b 2. Vor zwei Monaten hat Rico seinen Schulabschluss gemacht. Rico hat vor zwei Monaten seinen Schulabschluss gemacht. 3. Nächsten Monat beginnt Rico seine Berufsausbildung. Rico beginnt nächsten Monat seine Berufsausbildung. 4. In drei Jahren ist Rico Mechatroniker. Rico ist in drei Jahren Mechatroniker. 5. Gestern waren wir bei einer Informationsveranstaltung. Wir waren gestern bei einer Informationsveranstaltung. 6. Morgen haben wir einen Termin bei der Agentur für Arbeit. Wir haben morgen einen Termin bei der Agentur für Arbeit.

4 2. Vor zwanzig Jahren wurden viele Jugendliche Elektriker oder Bäcker. 3. Heute werden viele zum Beispiel Banker, Informatikerin. 4. Als Kind wollte ich Tennisspieler werden. 5. Ich wurde dann aber doch Koch, weil ich gerne koche. 6. Meine Frau wurde vor zehn Jahren zuerst Bankkauffrau. 7. Jetzt will sie Fotografin werden. 8. Unser Sohn will Fußballstar oder Astronaut werden.

5a 1. am; 2. über; 3. um; 4. für; 5. an, bei; 6. auf

5b 2. gegen; 3. für; 4. Für; 5. gegen; 6. ohne

6a du könntest, er/es/sie könnte, wir könnten, ihr könntet, sie/Sie könnten; du solltest, er/es/sie sollte, wir sollten, ihr solltet, sie/Sie sollten; du würdest, er/es/sie würde, wir würden, ihr würdet, sie/Sie würden

6b 2. An ihrer Stelle würde ich mit Freunden zusammen lernen. 3. Er sollte zum Arzt gehen. 4. Ihr könntet eine Fahrradtour machen. 5. An eurer Stelle würde ich sie in einem Sportverein anmelden. 6. Du solltest eine Beratung bei der Agentur für Arbeit machen. 7. Er sollte mit ihr sprechen.

7 2. angefangen; 3. schließt … ab; 4. aufmachen; 5. backen; 6. zurückgehen

8 1. Betrieb, Berufsschule; 2. Berufsberater, Berufsberaterin; 3. Berufserfahrung, Gehalt

9 (2) abschließen; (3) kümmert … sich … um; (4) recherchiert; (5) leitet; (6) für … zuständig … ist

Kapitel 13

1a die Teekanne, die Teekannen; der Ohrring, die Ohrringe; die Teetasse, die Teetassen; das Kleid, die Kleider; der Hut, die Hüte; das Tuch, die Tücher; die Brille, die Brillen; der Gürtel, die Gürtel

1b (2) große; (3) grüne; (4) blauen; (5) rote; (6) modernen; (7) großen; (8) bunte; (9) eleganten; (10) schönen

1c (2) schicke; (3) moderne; (4) bunte; (5) blaues; (6) rotes; (7) neuen; (8) großen; (9) schöne; (10) grüne

LÖSUNGEN

2 (2) verkaufe; (3) teuer; (4) brauche; (5) Angebot; (6) Tassen; (7) finde; (8) Ordnung; (9) nehme

3a 1. oben; 2. links; 3. hinten; 4. rechts; 5. in der Mitte; 7. vorne

3b Auf dem Bild sieht man drei Frauen auf dem Flohmarkt. ~~Vorne~~ > Hinten sitzt die Verkäuferin. Zwei Frauen stehen ~~hinten~~ > vorne. Die Frau ~~rechts~~ > links trägt ein gestreiftes T-Shirt. Die Frau ~~links~~ > rechts probiert gerade einen Hut an. ~~Vorne~~ > in der Mitte liegt eine Decke. Auf der Decke liegen viele Sachen. ~~In der Mitte~~ > Rechts, hinter der Frau mit dem Hut, steht ein Tisch. Auf dem Tisch liegt ein Kleid.

4 der Luftballon, die Luftballons; die Teetasse, die Teetassen; der Ohrring, die Ohrringe; der Tennisball, die Tennisbälle; das Stadtfest, die Stadtfeste

5a 2. Paolo besucht nach der Arbeit eine Freundin. 3 Tim trifft sich mit einem Freund. 4. Karim kommt spät aus der Schule. 5. Markus hat einen Termin beim Zahnarzt. 6. Tanja bekommt ein Geschenk von ihren Freundinnen. 7. Die Katze schläft seit einer Stunde.

5b (2) zur; (3) vom; (4) mit; (5) von; (6) zum; (7) Nach; (8) seit; (9) Bei; (10) aus

6a 2. ~~fahren~~; 3. ~~lesen~~; 4. ~~vergessen~~; 5. ~~laufen~~; 6. ~~herstellen~~; 7. ~~buchen~~; 8. ~~anklicken~~

6b (2) hatten; (3) wollte; (4) wusste; (5) war; (6) musste; (7) konnte; (8) gab; (9) musste; (10) kamen; (11) hatten; (12) war

7a 2. Hast du eine Lieblingsband? 3. Wie gefällt dir die Musik von „Silbermond"? 4. Warum hörst du diese Musik gerne? 5. Wie oft hörst du Musik?

8 (2) Einkauf; (3) Warenkorb; (4) Stadtfest; (5) Luftballons; (6) Sängerin; (7) Stimme; (8) Stimmung; (9) Ring; (10) Silber; (11) Ohrringen

9 2. buchen; 3. herstellen/basteln; 4. melden

Kapitel 14

1a (2) Hotels; (3) Erwachsene; (4) Fluss; (5) Abfahrt; (6) Fahrkarte

1b 2. Wann; 3. Wo; 4. Wie viel; 5. Wie lange

1c b) Frage 5; c) Frage 3; d) Frage 1; e) Frage 4

1d (2) Blick; (3) Idee; (4) Fuß; (5) Seilbahn; (6) See; (7) Führung; (8) Restaurant; (9) Programm

2a 2. ~~anfangen~~; 3. ~~dauern~~; 4. ~~beginnen~~; 5. ~~helfen~~; 6. ~~treffen~~; 7. ~~schlafen~~

2b Beispiel: 2. bezahlen/wechseln/einstecken/mitnehmen; 3. reserviert/angesehen/gebucht; 4. kaufen/mitnehmen; 5. kontrolliert/angesehen; 6. bezahlen/buchen; 7. gepackt/eingesteckt/gekauft/geholt

3a 2. lässt, lasse; 3. lassen; 4. lasse; 5. lassen; 6. lasse, lässt

3b 2. Wo lässt du dein Auto reparieren? 3. Meine Nachbarin lässt ihre Fenster putzen. 4. Wir lassen unseren Urlaub organisieren. 5. Lasst ihr das Hotel reservieren? 6. Die Gäste lassen ihre Wäsche waschen.

4 (2) nichts; (3) lieber; (4) weiß; (5) gerne; (6) interessiert; (7) glaube; (8) mache; (9) Essen; (10) einverstanden

5a 2. die; 3. das; 4. die; 5. der; 6. der; 7. das

5b 2. Sie übernachten in kleinen Pensionen, die sehr günstig sind. 3. Sie wandern auf einem Weg, der durch drei Länder führt. 4. Aber Felix hat Probleme mit seinen Schuhen, die ganz neu sind. 5. Unterwegs treffen sie viele Familien, die in den Bergen Urlaub machen. 6. Antonia hilft einer Frau, die ihren Sonnenhut verloren hat. 7. Die Frau lädt sie in ein Café ein, das sehr gemütlich ist.

6 *positive Erlebnisse*: Ich konnte überall mit Euro bezahlen. Die Ferienwohnung war sehr gemütlich. Das Wetter war ideal. Ich habe viele neue Gerichte probiert. Lecker! Ich musste keinen Zoll bezahlen. Ich musste den Pass gar nicht zeigen. Ich habe sehr nette Leute kennengelernt. Ich habe auch ohne Reservierung überall ein Zimmer bekommen.
negative Erlebnisse: Es hat fast die ganze Zeit geregnet. Meine Tochter hat ihren Pass nicht gefunden. Es war Sonntag und ich konnte nichts einkaufen. Das Obst war sehr teuer dort. Ich habe den falschen Weg genommen. Die Züge waren leider nicht pünktlich. Ich hatte zu wenig Geld für die Rechnung – das war so peinlich! Ich habe das Flugzeug verpasst. Für eine Übernachtung ohne Frühstück musste ich 90 Euro bezahlen!

7 *Landschaft*: der Berg, der Hafen, die Insel, das Ufer, (sich) erholen, wunderschön; *Fahrrad*: die Abfahrt, die Bremse, das Gepäck, die Luft, die Panne, der Radfahrer, die Radfahrerin, der Reifen, die Rundfahrt, der Schlauch, das Velo, das Werkzeug; *Übernachtung*: das Hotel, die Pension, das Trinkgeld, die Wirtin, der Wirt

8 1. wechseln; 2. einstecken; 3. Erkundigst; 4. prüfen; 6. erlebt

Kapitel 15

1 (2) Führerschein; (3) getrunken; (4) Alkohol; (5) Kreuzung; (6) beachtet; (7) gefahren; (8) anhalten; (9) bekommen; (10) kostet; (11) Monate

2a 2. Können Sie mir sagen, wie viele Fahrstunden ich (nehmen) (muss). 3. Können Sie mir ungefähr sagen, wie lange das (dauert). 4. Ich muss auch wissen, welche Papiere ich noch (brauche). 5. Sie wissen bestimmt, welche Autos ich dann (fahren) (kann).

2b 1. c); 2. b); 3. d)
1. Tina: Wann **kommst** du heute **nach Hause**, Peter? – c) Tina möchte wissen, wann **Peter** heute **nach Hause kommt**. 2. Wann **kommst** du heute **nach Hause**, Tina? – b) Peter möchte wissen, wann **Tina** heute **nach Hause kommt**. 3. Tina: Wann **ist deine** Schule heute **zu Ende**, Peter? – d) Tina hat Peter gefragt, wann **seine** Schule heute **zu Ende ist**.

2c 2. Regina fragt, wo **er seinen** Führerschein gemacht **hat**. 3. Regina fragt, was **er/Moritz** für **seinen** Führerschein bezahlt **hat**. 4. Regina fragt, wie viel **sein** Auto gekostet **hat**. 5. Regina fragt, wann **sie sein** Auto ausleihen **kann**.

2d 2. Max fragt, wie alt **ihr** Auto **ist**. 8. Max fragt, wie viel Benzin **ihr** Auto **braucht**. 9. Max fragt, wann **sie/Antonia** ein neues Auto **kauft**. 10. Max fragt, wo **sie/Antonia** ihr Auto abends **parkt**.

3a 1. Monate; 2. Fahrschule; 3. theoretische, Prüfung; 4. Anmeldung, Dokumente

4a 2. a); 3. c); 4. d); 5. e); 6. b)

4b 2. Weißt du, ob wir unseren Test morgen oder übermorgen schreiben? 3. Yola hat gefragt, ob wir am Wochenende zusammen lernen wollen. 4. Wisst ihr, ob Heiko nächste Woche nach Berlin fährt? 5. Können Sie mir sagen, ob es „das Pferd" oder „die Pferd" heißt? 6. Können Sie mir sagen, ob ich alle Dokumente im Original mitbringen muss?

5 2. der Schalter; 3. das Visum; 4. das Standesamt; 5. die Versichertenkarte; 6. der Pass; 7. die Arbeitserlaubnis; 8. die Heiratsurkunde; 9. die Wartenummer; 10. das Bürgeramt

6 se**hr**; Zu**erst**; Wo**che**; Ho**tel**; konn**ten**; mei**nem**; zie**hen**; ei**ner**; **wir**; klei**ne**; umge**zo**gen; hat**ten**; ers**ten**; Stress; **uns**; **bei**; **alles**; Freund; **keine**; spre**chen**; gut; a**ber**; **wir**; ma**chen**; gibt; wirk**lich**; **die**; Be**hör**den; **wir**; Ar**beit**; **hat**; **bei**; vorge**stellt**; wis**sen**; **sie**; **ich**; ko**chen**

7 Beispiele: die Arbeitserlaubnis; die Arbeitszeit; der Arbeitsvertrag; die Schichtarbeit; die Teilzeitarbeit; …

8 1. ~~anmelden~~; 2. ~~stellen~~; 3. ~~nehmen~~; 4. ~~übersetzen~~; 5. ~~stellen~~

9 (1) ausländischen; (2) gültig; (3) innerhalb; (4) betrunken

Kapitel 16

1 2. Ostern; 3. Hochzeit; 4. Einschulung; 5. Straßenfest; 6. Weihnachten

2 2. Wir laden unsere Familien und unsere Freunde ein, damit sie mit uns feiern. 3. Alle bringen etwas zu Essen aus ihren Ländern mit, damit wir ein internationales Büffet haben. 4. Wir kaufen Wasser, Säfte, Wein und Bier, damit es genug zu trinken gibt. 5. Es gibt einen DJ, damit wir tanzen können. 6. Wir organisieren Spiele, damit die Kinder Spaß haben. 7. Carlos bringt seine Gitarre mit, damit er Musik machen kann. 8. Ich ziehe mein neues Kleid an, damit ich schick aussehe.

3a Mai; und; ich; feiern; wann; den; Uhr; hinter; Mein; und; machen; wir; Und; Kinder; Spiele; wollen; kaufen; Brot; die; ihr; Meine; organisiert; Bitte; Bescheid; etwas; mitbringen; freue; euch

3b 1. weiß; 2. eine Idee, dagegen; 3. schlage vor, keine gute Idee, lieber, Einverstanden

4 die Hochzeit, die Hochzeiten; der Gast, die Gäste; tanzen; das Paar, die Paare; das Fest, die Feste; die Tradition, die Traditionen; der Bräutigam, die Bräutigame; die Torte, die Torten; feiern; das Geschenk, die Geschenke; die Ehefrau, die Ehefrauen; der Ehemann, die Ehemänner

5 (2) glaube; (3) sieht; (4) Denkst; (5) stimmt; (6) könnte; (7) vielleicht; (8) recht

6a 2. f); 3. a); 4. g); 5. b); 6. e); 7. d)

6b 2. Die Kollegen gratulieren ihrem Freund zur Hochzeitsfeier. 3. Der Chef schreibt seinen Mitarbeitern eine Glückwunschkarte. 4. Wir besuchen unsere Schwester schon vor der Hochzeit. 5. Mein Vater bringt seiner Tochter schöne Blumen mit. 6. Onkel Toni aus Amerika ruft seine Nichte an.

7a 2. damit; 3. weil; 4. dass; 5. Bevor; 6. Als; 7. ob; 8. Wenn

7b (2) weil; (3) dass; (4) weil; (5) Als; (6) damit; (7) Wenn; (8) damit; (9) ob

7c 2. Er fragt, wann man das Fest feiert. 3. Martin möchte wissen, wo das Fest stattfindet. 4. Er fragt, ob wir das Fest mit unserer Familie feiern. 5. Martin möchte wissen, ob es etwas Besonderes zu Essen gibt. 6. Er fragt, ob wir uns etwas zu dem Fest schenken.

8 Beispiele: *die Hochzeit:* das Brautpaar; gratulieren; die Braut; die Hochzeitsfeier; die Glückwunschkarte *Ostern:* das Osterei; die Tradition; der Braten; schmücken; verstecken; heimlich

9 (2) geschmückt; (3) gratuliert; (4) gewünscht; (5) gefeiert; (6) gemerkt

Quellen

S. 3	Hermann Dörre, München
S. 4	1: Shutterstock (Robert Kneschke); 2: Shutterstock (racorn); 3: Shutterstock (Comaniciu Dan); 4: Shutterstock (bikeriderlondon); 5: Shutterstock (Minerva Studio); 6: Shutterstock (Robert Kneschke)
S. 5	Shutterstock (Monkey Business Images)
S. 6	oben: Shutterstock (Syda Productions); unten: Shutterstock (Hayati Kayhan)
S. 7	Shutterstock (Francesco83)
S. 10	links: Shutterstock (tom67); rechts: Shutterstock (archideaphoto)
S. 12	Hermann Dörre, München
S. 13	oben: Fotolia (contrastwerkstatt); unten 1: Shutterstock (steamroller_blues); 2: Shutterstock (wang song); 3: Shutterstock (Fotocrisis); 4: Shutterstock (dio5050)
S. 15	Shutterstock (Opka)
S. 16	Hermann Dörre, München
S. 18	oben: Shutterstock (Photographee.eu); unten: Shutterstock (Iconshow)
S. 19	Shutterstock (Angelina Dimitrova)
S. 22	Shutterstock (schiva)
S. 23	Shutterstock (file404)
S. 24	Hermann Dörre, München
S. 25	oben: Shutterstock (StockLite); Mitte: Shutterstock (Monsterstock); unten Shutterstock (goodluz)
S. 28	1: Shutterstock (AD Hunter); 2: Shutterstock (Rawpixel.com); 4: Shutterstock (Mechanik); 6: Shutterstock (AD Hunter); 8: Shutterstock (honglouwawa); 9: Shutterstock (AD Hunter)
S. 29	Fotolia (wernerimages)
S. 30	Shutterstock (Samo Trebizan)
S. 31	Shutterstock (paul prescott)
S. 35	Shutterstock (360b)
S. 37	Shutterstock (auremar)
S. 41	oben: Shutterstock (Pablo Rogat); Mitte: Shutterstock (Photomak); unten: Shutterstock (Olena Yakobchuk)
S. 42	oben: Shutterstock (Nonwarit); unten Shutterstock (Sorbis)
S. 43	Hermann Dörre, München
S. 46	1: Shutterstock (stockshoppe); 2: Shutterstock (mr_coffee); 3: Shutterstock (dotshock); 4: Shutterstock (kitty); 5: Shutterstock (Syda Productions)
S. 47	oben: Shutterstock (Oksana Shufrych); Mitte: Shutterstock (MNStudio); unten: picture-alliance (dpa)
S. 48	oben: Shutterstock (Andresr); unten: Shutterstock (Paola Canti)
S. 49	Fotolia (javiindy)
S. 52	Hermann Dörre, München
S. 55	Shutterstock (Carsten Reisinger)
S. 57	1: Shutterstock (Evgeny Atamanenko); 2: Shutterstock (Monkey Business Image); 3: Shutterstock (bokan); Shutterstock (Apples Eyes Studio)
S. 59	Shutterstock (LuckyImages)
S. 61	1: Shutterstock (Djomas); 2: Shutterstock (goodluz); 3: Shutterstock (Rade Kovac); 4: Shutterstock (Kuzma); 5: Shutterstock: (India Picture); 6: Shutterstock (KreativKolors)
S. 64	Hermann Dörre, München
S. 65	Hermann Dörre, München
S. 66	oben: Shutterstock (michaeljung); unten: (Sheftsoff Stock Photo)
S. 67	Shutterstock (Tom Wang)
S. 70	Shutterstock (wavebreakmedia)
S. 71	Shutterstock (rangizzz)
S. 73	Shutterstock (Stockfotografie)
S. 75	Shutterstock (Amazingmikael)
S. 76	1: Shutterstock (Lev Kropotov); 2: Shutterstock (xlt974); 3: Shutterstock (Cherkas); 4: Shutterstock (prapann); 5: Shutterstock (sergarck); 6: Shutterstock (aimy27feb)
S. 77	oben: Shutterstock (M. Unal Ozmen); unten Hermann Dörre, München
S. 78	Shutterstock (Luciano Morpurgo)
S. 79	oben: Shutterstock (Blend Images); unten: Shutterstock (wavebreakmedia)
S. 82	Shutterstock (T.W. van Urk)
S. 83	Shutterstock (goodluz)
S. 84	Shutterstock (360b)
S. 88	Shutterstock (Kzenon)
S. 89	oben: Shutterstock (gpointstudio); unten: Shutterstock (Dusan Petkovic)
S. 90	links: Shutterstock (Delpixel); rechts: Shutterstock (blackeagleEMJ)
S. 91	Shutterstock (Robert Kneschke)
S. 94	oben links: Shutterstock (wavebreakmedia); Mitte: Shutterstock (Ufuk ZIVANA); rechts: Shutterstock (Peter Hansen); unten: Hermann Dörre, München
S. 95	Shutterstock (rosifan19)
S. 97	Fotolia (Nagel's Blickwinkel)